超短心法

之问鼎苍穹

孙柯岩 著

中华工商联合出版社

图书在版编目（CIP）数据

超短心法之问鼎苍穹 / 孙柯岩著. -- 北京 : 中华工商联合出版社, 2024. 12. -- ISBN 978-7-5158-4170-0

Ⅰ. F830.91

中国国家版本馆 CIP 数据核字第 2024CE9073 号

超短心法之问鼎苍穹

作　　者：	孙柯岩
出 品 人：	刘　刚
责任编辑：	李红霞　李　瑛
装帧设计：	陈冰冰
责任审读：	付德华
责任印制：	陈德松
出版发行：	中华工商联合出版社有限责任公司
印　　刷：	三河市祥宏印务有限公司
版　　次：	2025 年 1 月第 1 次
印　　次：	2025 年 1 月第 1 次印刷
开　　本：	880×1230　1/16
字　　数：	160 千字
印　　张：	8
书　　号：	ISBN 978-7-5158-4170-0
定　　价：	79.00 元

服务热线：010-58301130-0（前台）

销售热线：010-58302977（网店部）
　　　　　　010-58302166（门店部）
　　　　　　010-58302837（馆配部、新媒体部）
　　　　　　010-58302813（团购部）

地址邮编：北京市西城区西环广场 A 座
　　　　　　19—20 层，100044
　　　　　　http://www.chgslcbs.cn

投稿热线：010-58302907（总编室）

投稿邮箱：1621239583@qq.com

工商联版图书
版权所有　侵权必究

凡本社图书出现印装质量问题，请与印务部联系。

联系电话：010-58302915

目录

主线行业篇

战法一　人气涨停战法 ·· 002
战法二　四维主线战法 ·· 008

主线龙头篇

战法三　龙头起爆战法 ·· 012
战法四　六合强庄控盘战法 ·· 015
战法五　筹码战法之七星连珠 ··· 020

趋势牛股篇

战法六：趋势擒龙之暴涨形态 ··· 028
战法七　趋势破位起爆战法 ·· 034
战法八　强中选强多头战法 ·· 040

涨停晋级篇

战法九　强势涨停狙击战法 ·· 048
战法十　量能突破拉升战法 ·· 055
战法十一　天量人气爆破战法 ··· 060

超级妖股篇

战法十二　六式真龙化妖战法 ·· 068
战法十三　红柱爆量涨停战法 ·· 072
战法十四　连阳突破擒妖战法 ·· 078

龙虎万相篇

战法十五　龙虎资金封神战法 ·· 084
战法十六　双榜破位合击战法 ·· 088

指标之王篇

战法十七　MACD 多头定点战法 ·· 092
战法十八　双均线金叉爆量战法 ·· 098

星级系统篇

战法十九　趋势龙头摘星战法 ·· 104
战法二十　八步升星擒龙战法 ·· 109

天人合一篇

战法二十一　价值龙头低吸战法 ·· 114

主线行业篇

战法一　人气涨停战法

1. 战法概述

人气涨停战法，即通过观察市场中人气最强的 10 只涨停股，确定当前市场中的热门主线。其实质是，个股的人气高，说明关注度比较高，而热门主线诞生的主要源头就是市场的关注度，只有较高的关注度才能带来巨量的主力资金，进而推升出一个又一个的超级牛股，这也是为什么市场中绝大多数的连板妖股都来自于市场的热门主线。

2. 选股秘句

（1）人气排行榜前 10 名；

（2）涨停；

（3）涨停原因。

操作方法：将"人气排行榜前 10 名；涨停；涨停原因"输入到工具问财软件中，通过观察个股的涨停原因来确定当前市场的主线行业。

3. 操作分解

第 1 步：在问财中输入语句：人气排行榜前 10 名；涨停；涨停原因。点击搜索，会出现 10 只股票，如图 1-1、图 1-2 所示。

图1-1

主线行业篇

序号	股票代码	股票简称	现价(元)	涨跌幅(%)	涨停原因类别 2024.08.02	个股热度排名 2024.08.04	首次涨停时间 2024.08.02
1	600501	航天晨光	23.08	10.01	商业航天+无人驾驶+航空设备+央企改革	3	09:30:45
2	600789	鲁抗医药	7.96	9.95	青霉素（炭疽）+合成生物+抗生素	5	10:38:00
3	002829	星网宇达	23.84	10.01	商业航天+低空经济+卫星导航+无人驾驶+百度	6	09:30:15
4	001379	腾达科技	32.76	10.01	商业航天+不锈钢紧固件产品+次新股+10连板	8	10:07:15
5	000980	众泰汽车	1.84	10.18	新能源汽车+百度概念+低价股	14	09:33:30
6	002607	中公教育	2.01	9.84	职业教育+增持+辟谣破产等传闻	15	09:43:00
7	600721	百花医药	7.16	9.99	CRO+创新药+减肥药+半年报预增	17	09:44:15
8	301091	深城交	34.55	20.01	低空经济+车联网+智慧城市+深圳国资	18	13:25:28
9	000953	河化股份	4.03	10.11	银亿重整+维生素+医药中间体+半年报预增	19	09:30:30
10	600386	北巴传媒	5.17	10.00	智能交通+公交广告媒体+汽车拆解汽车服务+...	20	09:39:00

图 1-2

第 2 步：点击"涨停原因类别"，将涨停原因进行排序。

这一步主要是将相同的涨停原因通过排序集中在一起，方便观察。点击之后，在"涨停原因类别"的旁边，会出现向上或向下的蓝色小箭头，这个时候就意味着操作成功，如图 1-3、图 1-4 所示。

序号	股票代码	股票简称	现价(元)	涨跌幅(%)	个股热度排名 2024.09.08	涨停原因类别 2024.09.06
1	000062	深圳华强	41.55	10.01	1	华为海思概念+电子元器件分销+消费电子
2	600611	大众交通	11.44	10.00	2	持股国泰君安+网约车+交通运输
3	603626	科森科技	13.21	9.99	3	华为折叠屏+电子烟+苹果概念+固态电池
4	002036	联创电子	7.43	10.07	5	车载ADAS镜头+无人驾驶+虚拟现实+华为+特...
5	603883	老百姓	17.92	10.01	6	一字加速+医药商业
6	001298	好上好	30.25	10.00	8	华为海思+存储芯片+AI眼镜+分销+外销
7	605218	伟时电子	27.12	10.02	9	空中成像+背光显示模组+VR+华为汽车
8	603306	华懋科技	22.66	10.00	10	光刻胶+机器人+汽车被动安全部件+特斯拉概念
9	002640	跨境通	1.77	9.94	12	跨境电商+三胎+低价小盘股
10	002104	恒宝股份	6.38	10.00	13	金融科技+移动支付+华为

图 1-3

003

出A股 10　股票列表　多股同列　可视化分析

+加自选　+加板块　相关　相关　概览　表现　技术　估值　资产负债

序号	股票代码	股票简称	现价(元)	涨跌幅(%)	个股热度排名 2024.09.08	涨停原因类别 2024.09.06
1	002036	联创电子	7.43	10.07	5	车载ADAS镜头+无人驾驶+虚拟现实+华为+特…
2	600611	大众交通	11.44	10.00	2	持股国泰君安+网约车+交通运输
3	603306	华懋科技	22.66	10.00	10	光刻胶+机器人+汽车被动安全部件+特斯拉概念
4	001298	好上好	30.25	10.00	8	华为海思+存储芯片+AI眼镜+分销+外销
5	000062	深圳华强	41.55	10.01	1	华为海思概念+电子元器件分销+消费电子
6	603626	科森科技	13.21	9.99	3	华为折叠屏+电子烟+苹果概念+固态电池
7	002104	恒宝股份	6.38	10.00	14	金融科技+移动支付+华为
8	605218	伟时电子	27.12	10.02	9	空中成像+背光显示模组+VR+华为汽车
9	002640	跨境通	1.77	9.94	12	跨境电商+三胎+低价小盘股
10	603883	老百姓	17.92	10.01	6	一字加速+医药商业

图1-4

第 3 步：找到出现次数最多的涨停原因，此为市场当中的热门主线。

在这一步中要注意，我们可以看到一只股票有非常多的涨停原因，我们只看第一个，比如图 1-5，一只股票有三个涨停原因（分别是华为海思概念 + 电子元器件分销 + 消费电子），我们只观察第一个，也就是“华为海思概念”。

000062	深圳华强	41.55	10.01	1	华为海思概念+电子元器件分销+消费电子

图1-5

所以，我们只观察每只股票排在第一位的涨停原因，并且找到出现次数最多的涨停原因，这就是当前市场中的热门主线。以图 1-6 为例，此时市场中的热门主线为“华为海思概念”。

出A股 10　股票列表　多股同列　可视化分析

+加自选　+加板块　相关　相关　概览　表现　技术　估值　资产负债

序号	股票代码	股票简称	现价(元)	涨跌幅(%)	个股热度排名 2024.09.08	涨停原因类别 2024.09.06
1	002036	联创电子	7.43	10.07	5	车载ADAS镜头+无人驾驶+虚拟现实+华为+特…
2	600611	大众交通	11.44	10.00	2	持股国泰君安+网约车+交通运输
3	603306	华懋科技	22.66	10.00	10	光刻胶+机器人+汽车被动安全部件+特斯拉概念
4	001298	好上好	30.25	10.00	8	华为海思+存储芯片+AI眼镜+分销+外销
5	000062	深圳华强	41.55	10.01	1	华为海思概念+电子元器件分销+消费电子
6	603626	科森科技	13.21	9.99	3	华为折叠屏+电子烟+苹果概念+固态电池
7	002104	恒宝股份	6.38	10.00	14	金融科技+移动支付+华为
8	605218	伟时电子	27.12	10.02	9	空中成像+背光显示模组+VR+华为汽车
9	002640	跨境通	1.77	9.94	12	跨境电商+三胎+低价小盘股
10	603883	老百姓	17.92	10.01	6	一字加速+医药商业

图1-6

主线行业篇

再看图 1-7 这个案例，我们能找到出现次数最多的涨停原因就是"商业航天"

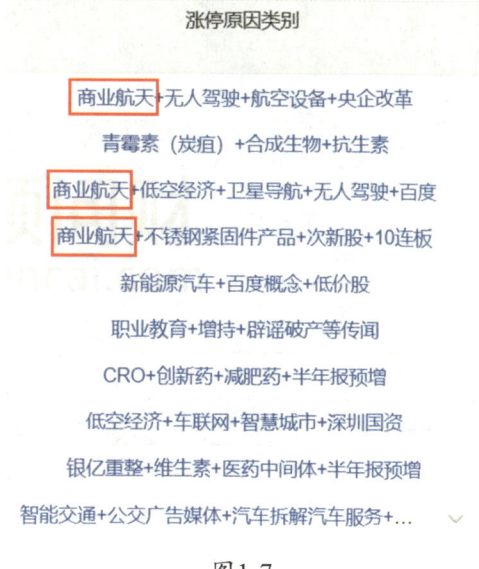

图 1-7

4. 买卖择时

第 1 要素：如果同一个涨停原因出现的次数超过了 3 次（包含 3 次），那当前主线的持续性会比较强，可以选择主线中前排的高标个股进行买入（在本书"主线龙头篇"会系统讲解）。

第 2 要素：连续一字板的股票尽可能不要排板买入，排板的风险会比较大，选择正常的放量板会相对稳健，如图 1-8 所示。

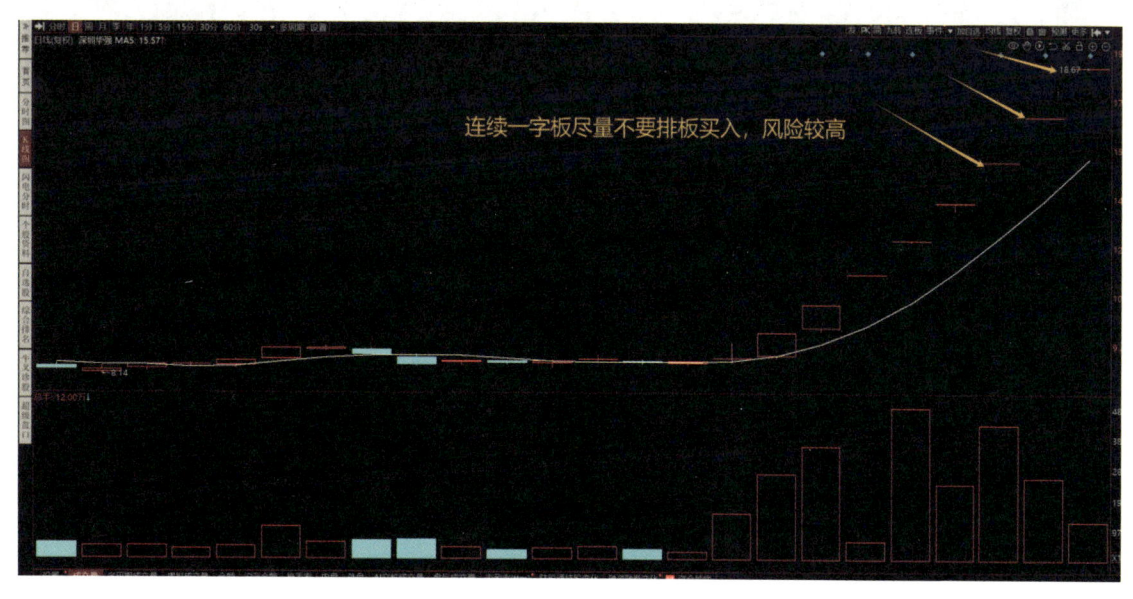

图 1-8

第 3 要素：如果连续一字板之后出现放量，无论是涨停放量、阳线放量还是阴线放量，当天都先不要入场。直到第二天出现反包，则意味着分歧转一致，此时为进场的好时机，如图 1-9、图 1-10 所示。

005

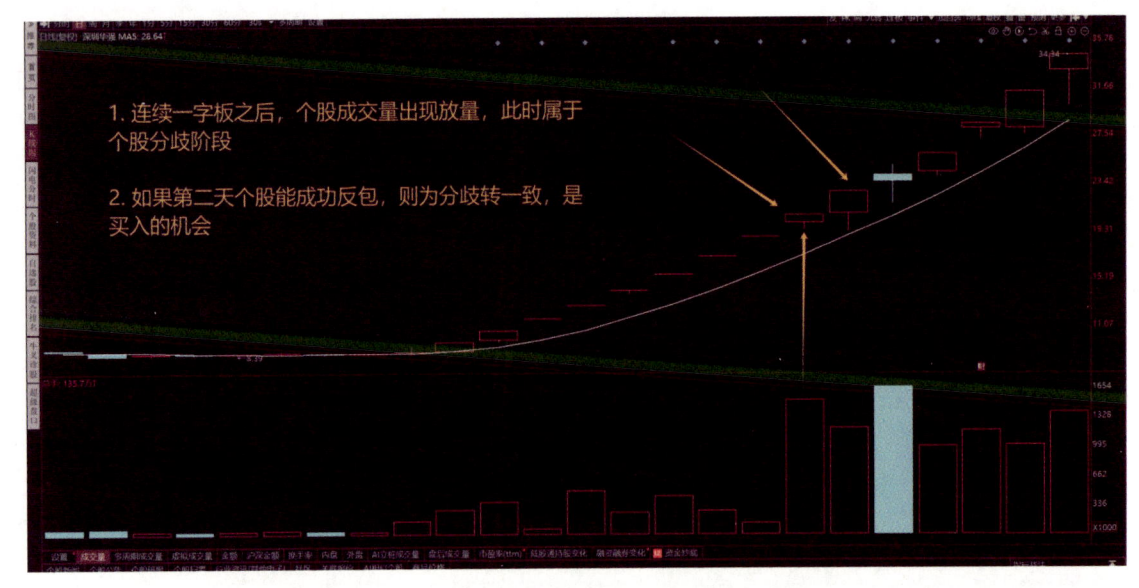

图1-9

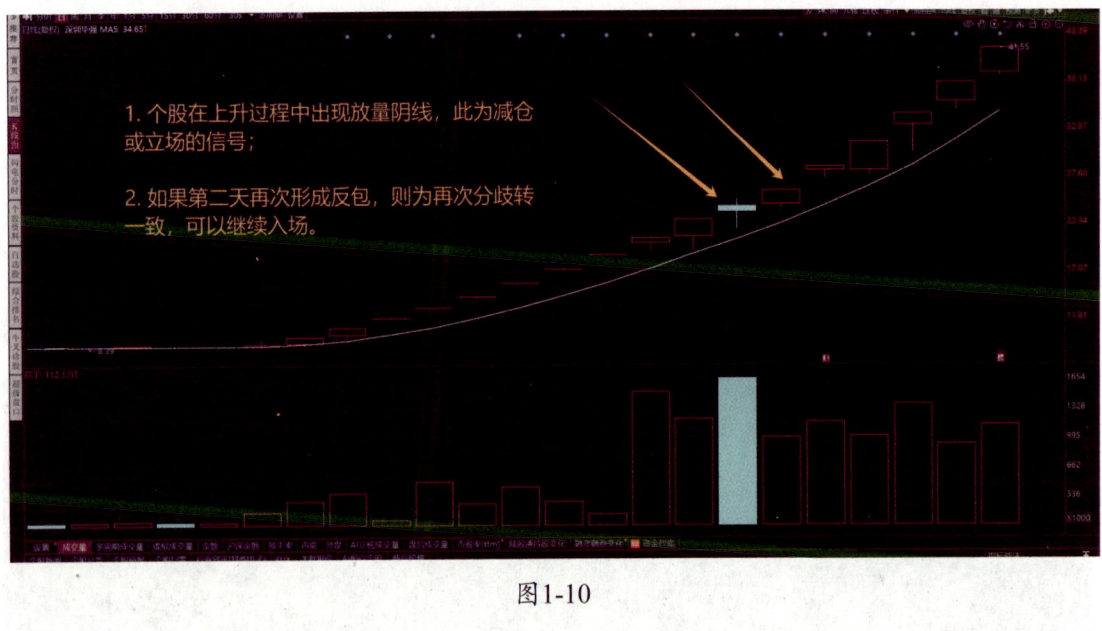

图1-10

第4要素：连板之后的放量阴线为减仓或者离场时机，如果阴线之后的两天都没能成功实现涨停反包则是绝对的离场时机，规避回落风险，如图1-11所示。

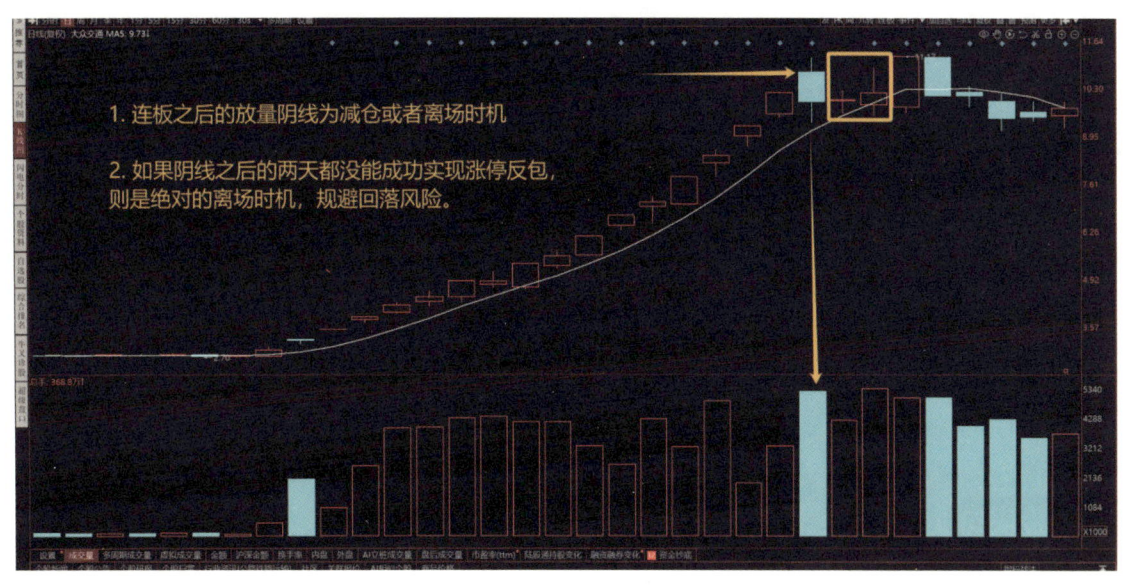

图1-11

第5要素：当主线行业中的领涨龙头，也就是当前市场上短期涨幅最大的龙头，出现了断板阴线且持续回落，那就意味着当前主线行业的结束。

5. 仓位控制

同一个涨停原因出现的次数越多，则说明当前主线的可持续性越强，那仓位就可以随之增加，具体的仓位选择可以参考以下3点。

（1）如果同一个涨停原因出现的次数超过8次（包含8次），仓位可控制在70%左右。

（2）如果同一个涨停原因出现的次数超过5次（包含5次），仓位可控制在40%左右。

（3）如果同一个涨停原因出现的次数超过3次（包含3次），仓位可控制在20%左右。

战法二　四维主线战法

1. 战法概述

本战法是通过筛选市场中的连板股票，观察其真正的涨停原因，进而确定当前的市场主线。其实质在于，涨停股作为市场的核心，对于整个股票市场的走势起到了一个重要的引领作用。所以，大多数涨停股所属的概念，就是当前资金最为集中的方向，也就是市场的主线所在。

2. 选股秘句

（1）二连板以上；

（2）涨停原因；

（3）非新股；

（4）非ST。

操作方法：将"二连板以上；涨停原因；非新股；非ST"输入到工具问财软件中，通过观察个股的涨停原因来确定当前市场的主线行业。

3. 操作分解

第1步：在问财中输入语句：二连板以上；涨停原因；非新股；非ST。点击搜索，会将市场中所有的二连板以上的股票以及其涨停原因搜索出来，如图1-12所示。

序号	股票代码	股票简称	现价(元)	涨跌幅(%)	涨停原因类别 2024.09.09	连续涨停天数(天) 2024.09.09	a股流通市值(元) 2024.09.09
1	002520	日发精机	5.97	9.95	工业母机+万丰奥威+减速器+人形机器人	5	38.50亿
2	603883	老百姓	19.71	9.99	抱团加强+医药商业	5	149.39亿
3	000627	天茂集团	2.90	9.85	保险+低价股	4	132.02亿
4	002640	跨境通	1.95	10.17	跨境电商+三胎+低价股+重整不确定性	3	27.82亿
5	603123	翠微股份	7.70	10.00	第三方支付+数字货币+商业零售+国企	3	50.23亿
6	000566	海南海药	3.71	10.09	细胞免疫治疗+民营医院+医药+海南+央企	2	43.26亿
7	002036	联创电子	8.17	9.96	光学镜头+车载ADAS镜头+虚拟现实+华为+特……	2	86.07亿
8	600148	长春一东	14.95	10.01	中兵系+汽车零部件+传感器+换电	2	21.16亿
9	600838	上海九百	6.90	10.05	新零售+参股券商+酒类产品+上海国资	2	27.66亿
10	600847	万里股份	8.46	10.01	要约收购完成+铅酸电池+新能源汽车	2	12.97亿
11	601162	天风证券	2.89	9.89	证券+国企	2	250.44亿

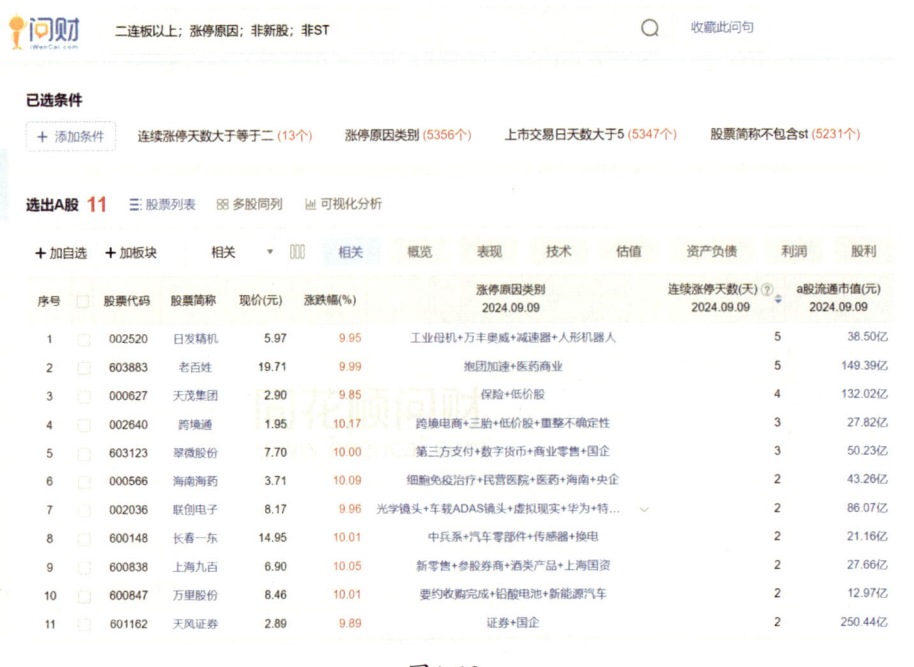

图1-12

第2步：观察每只个股的第一个涨停原因，找到出现次数最多的涨停原因。

在这里，先给大家介绍一个反例，如果搜索出的股票涨停原因均不相同，那就代表市场中没有非常清楚且持续性非常强的主线。如图1-13，搜索出11只股票，但每只股票的首个涨停原因均不同，说明当前市场上板块轮动比较快，没有清晰的主线，此时不宜做出投资决策。

序号	股票代码	股票简称	现价(元)	涨跌幅(%)	涨停原因类别 2024.09.09	连续涨停天数(天) 2024.09.09
1	002520	日发精机	5.97	9.95	工业母机+万丰奥威+减速器+人形机器人	5
2	603883	老百姓	19.71	9.99	抱团加速+医药商业	5
3	000627	天茂集团	2.90	9.85	保险+低价股	4
4	002640	跨境通	1.95	10.17	跨境电商+三胎+低价股+重整不确定性	3
5	603123	翠微股份	7.70	10.00	第三方支付+数字货币+商业零售+国企	3
6	000566	海南海药	3.71	10.09	细胞免疫治疗+民营医院+医药+海南+央企	2
7	002036	联创电子	8.17	9.96	光学镜头+车载ADAS镜头+虚拟现实+华为+特...	2
8	600148	长春一东	14.95	10.01	中兵系+汽车零部件+传感器+换电	2
9	600838	上海九百	6.90	10.05	新零售+参股券商+酒类产品+上海国资	2
10	600847	万里股份	8.46	10.01	要约收购完成+铅酸电池+新能源汽车	2
11	601162	天风证券	2.89	9.89	证券+国企	2

图1-13

4. 买卖择时

第一要素：要在分歧的时候及时离场，要在分歧转一致的时候加速入场，且第一次的分歧转一致的仓位要高于第二次分歧转一致的仓位，如图1-14所示。

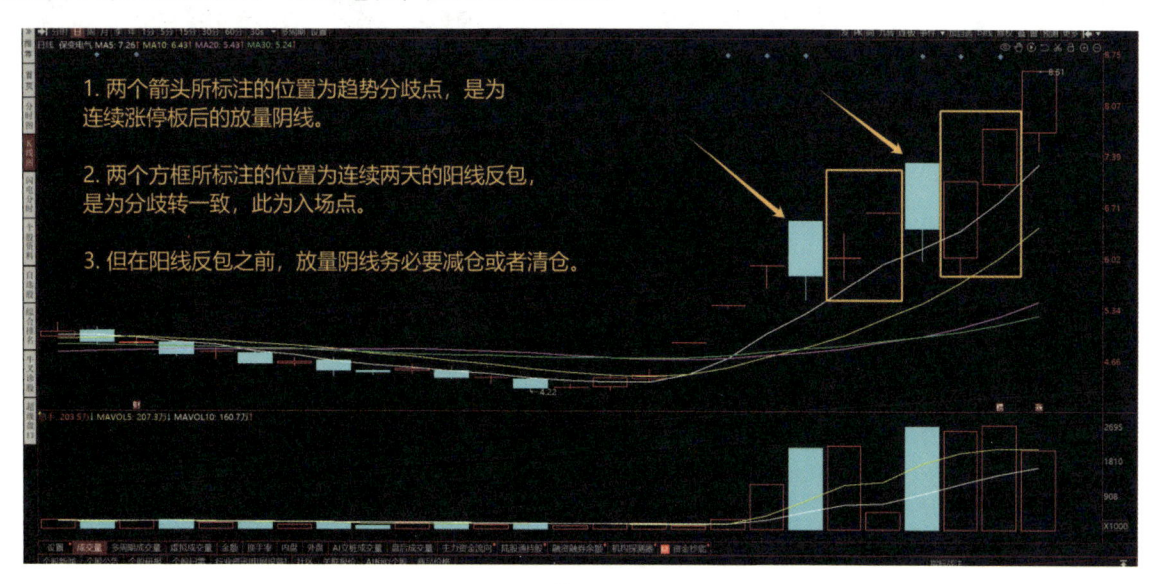

1. 两个箭头所标注的位置为趋势分歧点，是为连续涨停板后的放量阴线。
2. 两个方框所标注的位置为连续两天的阳线反包，是为分歧转一致，此为入场点。
3. 但在阳线反包之前，放量阴线务必要减仓或者清仓。

图1-14

第二要素：若要操作两连板以上的股票，一定要突破在近期最高点之后，也就是突破压力位之后，方才符合入场点位，如图1-15、图1-16所示。

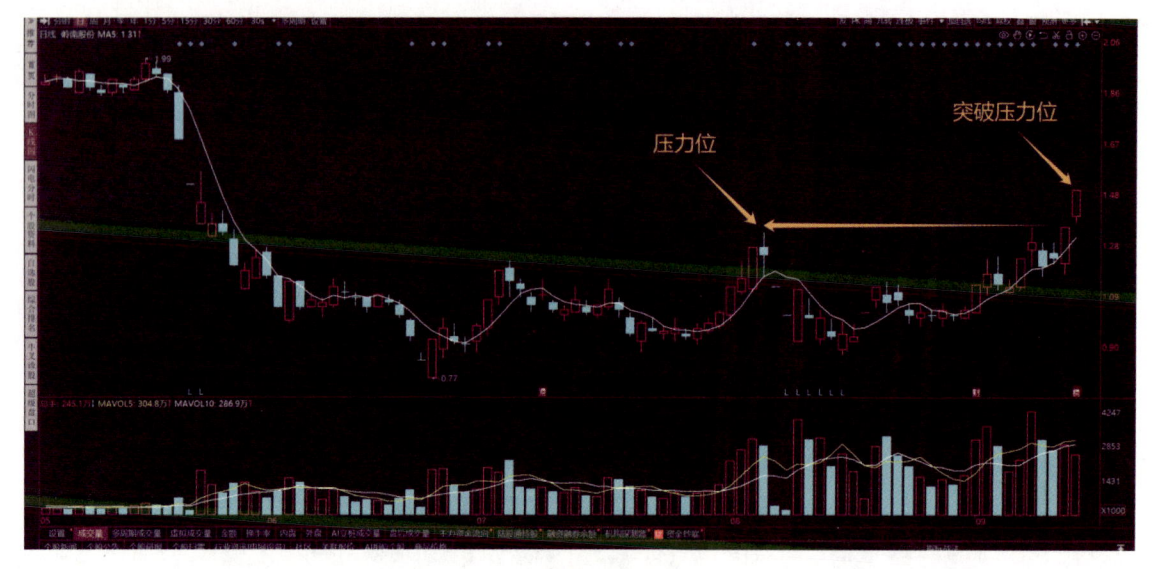

图1-15

图1-16

5. 仓位控制

首先通过观察二连板以上股票涨停原因，确定当前市场主线，通过主线的持续性确定当前的仓位，可从以下3点进行说明（如果二连板以上的股票出现了20个，有10个股票都是相同的涨停原因，那涨停原因出现的次数占比为50%。）

（1）如果同一个涨停原因出现的次数占比超过了70%，仓位可控制在70%左右。

（2）如果同一个涨停原因出现的次数占比超过了50%，仓位可控制在40%左右。

（3）如果同一个涨停原因出现的次数占比超过了30%，仓位可控制在20%左右。

主线龙头篇

战法三　龙头起爆战法

1. 战法概述

此战法从量价、换手率、市值、股价四个维度筛选出市场中符合条件的涨停股，结合当前的热门主线，选出起爆初期，以及持续性非常强的市场龙头。

2. 选股秘句

（1）涨停；

（2）量价齐升；

（3）换手率小于20%（通常情况下，初期换手率越大，庄家出货的概率越高）；

（4）市值小于200亿（市值小的个股更容易拉升，更容易产生妖股）；

（5）股价小于10元（股价越低，拉出连板所需要的资金量越小，越容易产生超级龙头）；

（6）涨停原因；

（7）非ST。

操作方法：将"涨停；量价齐升；换手率小于20%；市值小于200亿；股价小于10元；涨停原因；非ST"输入到问财软件中，观察个股的K线以及量价关系等指标，确定买卖点。

3. 操作分解

第一步：将"涨停；量价齐升；换手率小于20%；市值小于200亿；股价小于10元；涨停原因；非ST"输入到问财中，会搜索到一系列股票，如图2-1、图2-2所示，股票的数量和当前的市场强度相关，市场越强，搜索出的股票数量越多，反之搜索出的股票数量越少。

图2-1

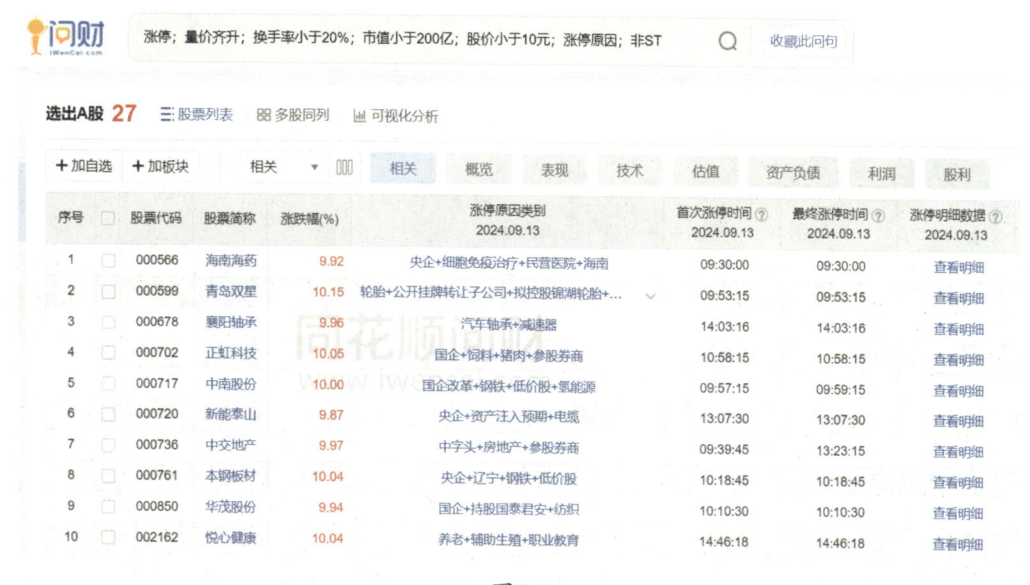

图2-2

第二步：观察个股的涨停原因，如果股票属于当前市场中的主线（在《主线行业篇》中对于如何筛选出市场主线做了详细的实操），则优先选择入场。

4. 买卖择时

第一要素：选出股票之后，要去除掉前方近期存在压力位的个股，如图2-3所示。

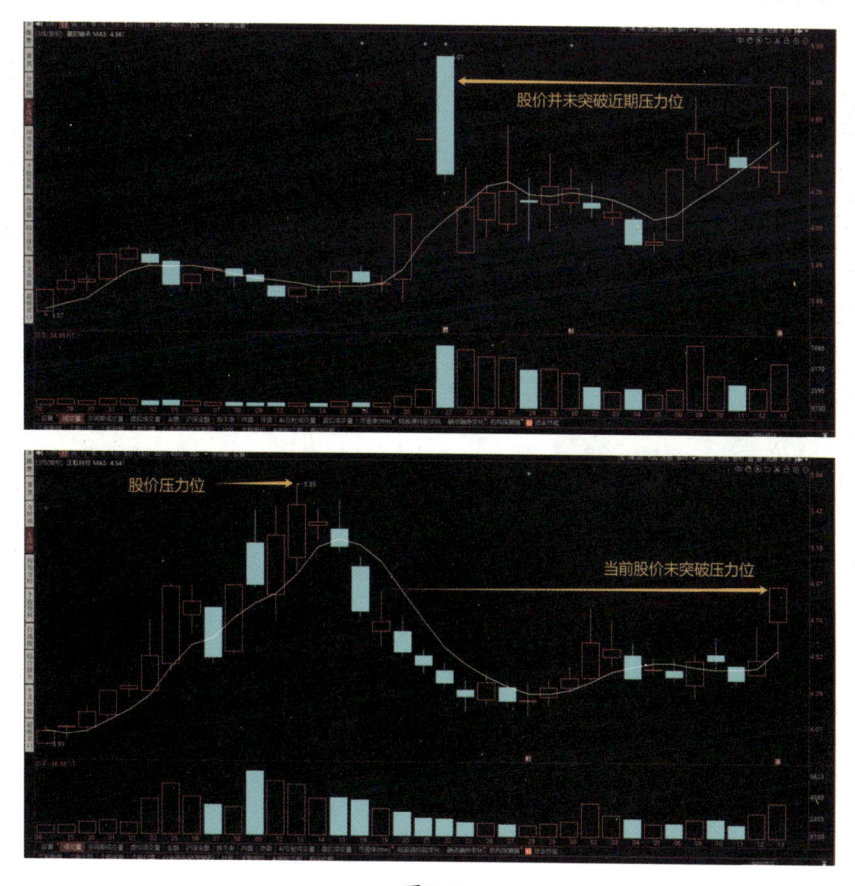

图2-3

第二要素：如图2-4这种类型的股票，则更要注意。因为其在同一个价格附近连续多次遭遇资金打压，所以当个股再次升到这个位置的时候依然会面临较大的回撤几率。

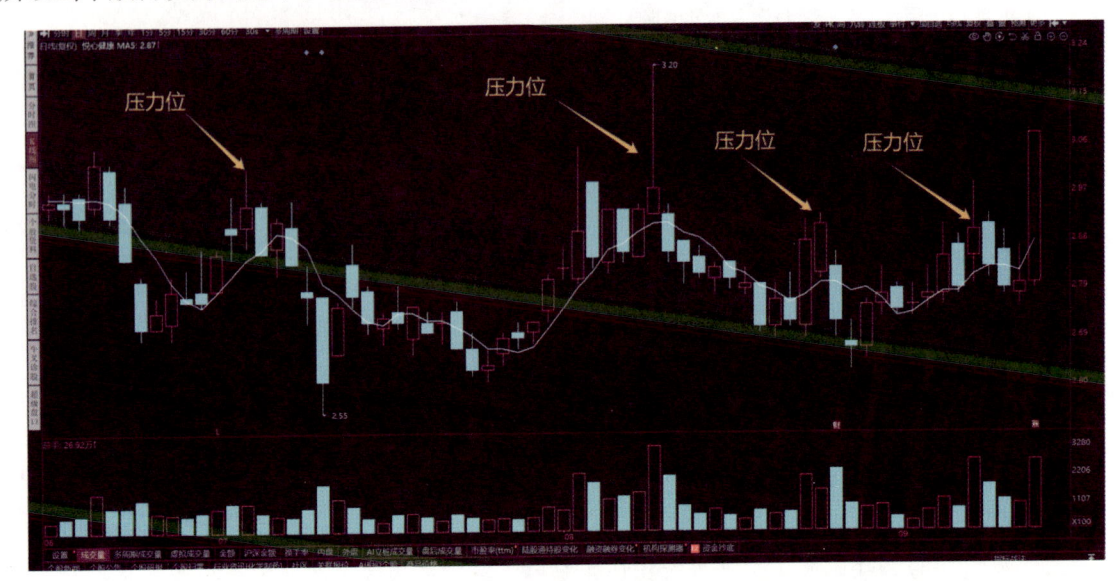

图2-4

第三要素：选出股票之后，要去除掉连续一字涨停的个股。因为连续一字板的股票基本都是庄家的天下，散户如果能进场也是在个股断板分歧的时候，分歧意味着风险，尽可能不要选择一字板上挂涨停买入的方式，如图2-5所示。

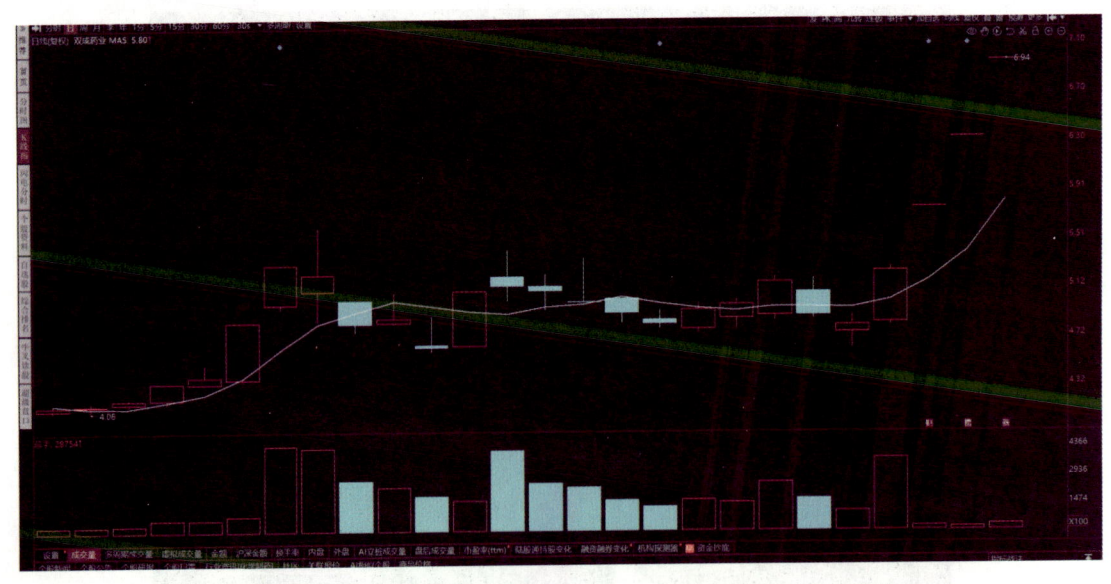

图2-5

5. 仓位控制

（1）如果个股处于二连板以下（包含二连板），则个股的仓位可以控制在30%—50%。

（2）如果个股处于二连板以上五连板以下，则个股的仓位可以控制在10%—30%。

（3）如果个股处于五连板以上（包含五连板），则个股的仓位要控制在10%以下。

战法四 六合强庄控盘战法

1. 战法概述

此战法以主力资金为核心要点，辅以其他重要条件，选出主力资金重仓且上涨持续性较强的股票，并通过分析个股的形态，确定最终的买入点和卖出点。在这个战法中有一个前提，就是个股所处的概念为市场主线，这样的成功率才会非常高。

2. 选股秘句

（1）主力资金高度控盘；

（2）主力控盘率上升；

（3）换手率小于30%；

（4）涨停；

（5）股价小于20元；

（6）非ST，非银行股，非退市股。

操作方法：将"主力资金高度控盘；主力控盘率上升；换手率小于30%；涨停；股价小于20元；非ST，非银行股，非退市股"输入到问财软件中，如图2-6所示。

图2-6

3. 操作分解

（1）主力资金高度控盘

主力资金高度控盘代表主力买入金额较大（选出的股票均为涨停股），且当前主力对此股票的控盘力度达到了60%以上，意味着此股票受到了主力资金的拉动，对于个股未来的上涨有很强的促进作用。

（2）主力控盘率上升

加入这个条件的原因是，如果当前个股的主力控盘力度为75%，按照第一个条件"主力资金高度控盘"来说是满足条件的，因为只要主力控盘力度超过了60%，就可以被筛选进来。但如果个股之前的控盘力度高达90%，由于主力出货降到了75%，那这75%就不是特别合适。

因为即使现在75%的控盘比例依然属于高度控盘，但个股是从90%降到75%，主力资金已经处于出货阶段，不能选择。所以我们不仅要考虑个股的当前主力控盘力度的数值，还要考虑主力控盘力度的趋势，我们要选主力控盘数值不断上升的个股，如图2-7所示。

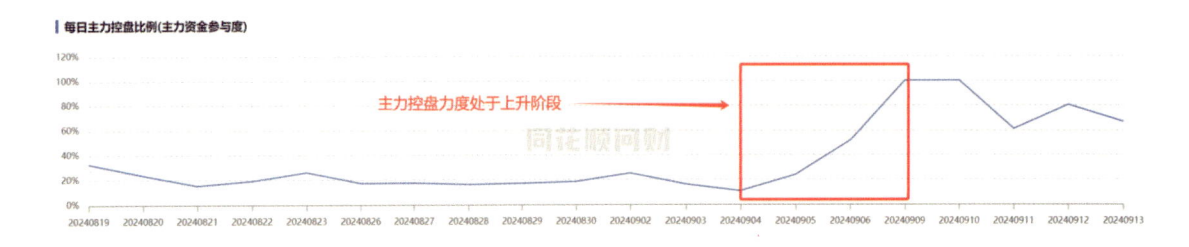

图2-7

（3）换手率小于30%

除了少数的换手龙头（从最开始的首板，到之后的连续涨停，换手率都维持在一个较高的水平），还是不建议选择换手率过高的个股。因为只有当庄家出货，散户或者其他机构接盘的时候，换手率才会显著放大，此时是股票分歧的阶段，这个时候入场，承担的风险会比较高。且较低的换手率代表投资者的锁仓力度较强，对于个股的上涨会起到促进作用。

根据战法的作用不同，对于换手率数值的要求也不一样。本战法要求的换手率小于30%。

（4）涨停

这只股票选出的是主力资金高度控盘，也就是主力资金大幅买入的个股，但资金的流入只是过程，不是结果。因为有的时候即使主力资金大幅流入，个股也会下跌，这可能是由于市场情绪的原因，也可能是由于散户的恐慌。所以我们在这里不仅要求主力资金大幅流入，还要保证流入的结果是好的，也就是涨停。

主力资金大幅流入，且个股达到了涨停，这样才是过程和结果全都满足，属于个股的强势状态。

（5）股价小于20元

股票的价格越低，拉升至涨停所需要的资金越少，就越容易产生连板龙头。且主力和散户都偏向于低股价龙头，更容易带动市场合力。

（6）非ST，非银行股，非退市股

ST股风险较高，建议任何时候都不要选择。非要做的话，一定要把仓位控制到很小，这样的话不会对整体的仓位收益造成较大影响。

银行股不太建议按照龙头或者妖股的思路来做，按照趋势股的方法做会更合适。

有的退市股由于控盘率比较高也会被选中，但退市股的控盘率和正常股票的控盘率根本不是一个概念，所以在这里我们需要加入一个条件将这一类的股票去除。

4. 买卖择时

（1）筛选出个股之后，如果个股的涨停原因或概念属于市场主线，则优先选择；如果个股所处的概念非市场主线，则要重点观察个股的K线形态。

（2）观察每一只个股的K线形态，尤其是大幅跳空高开的涨停股，要主动进行规避，如图2-8这种形态的个股。

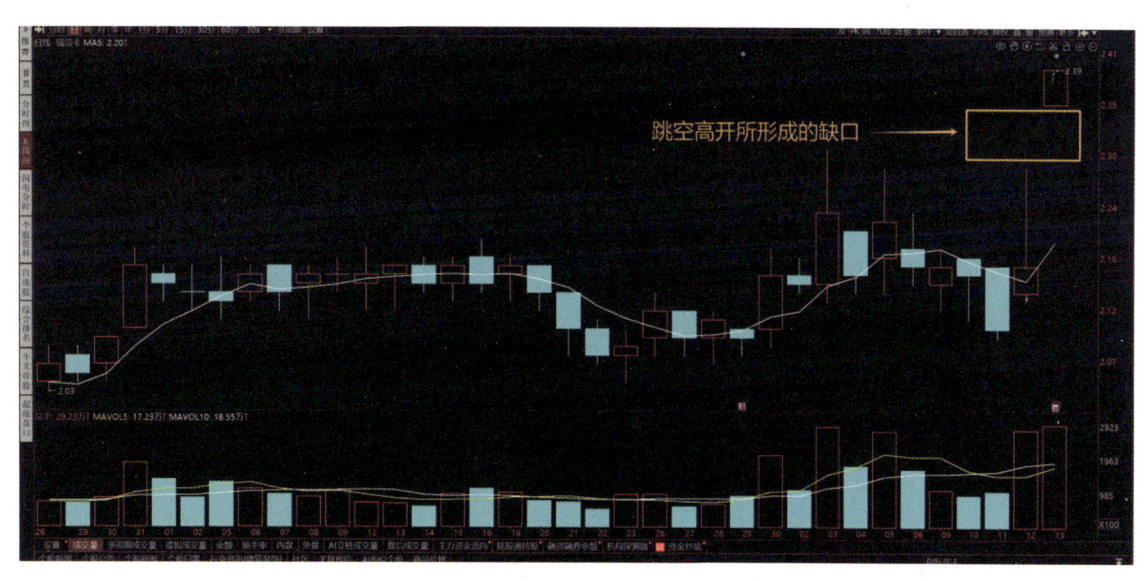

图2-8

一旦形成较大缺口，那就意味这只股票在竞价期间或者刚开盘的时候就出现了急速拉升，如图2-9所示。这种拉升手法一定是庄家手笔，且这种拉升手法多数情况就只做T+1，而且这种跳空高开涨停的股票后续的风险性会比较大，多数股票也都会在第二天直接被砸，所以还是要多加小心。

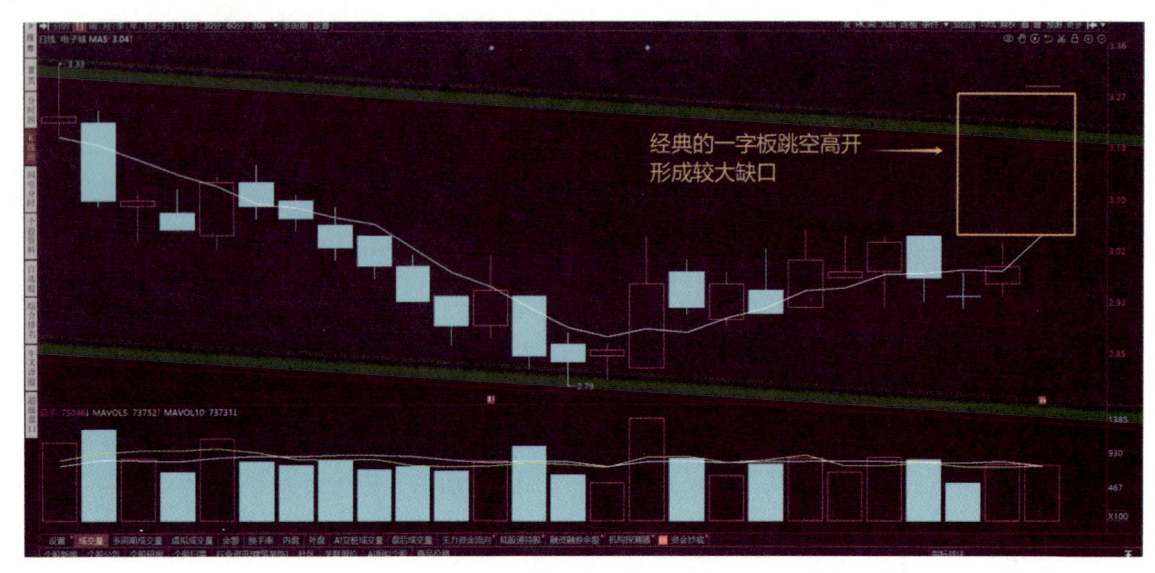

图2-9

（3）当个股处于以下状态时，大家可以重点关注其突破压力位的时间，此时是比较好的入场点。

① 首先个股放量拉涨停。

② 涨停之后个股开始回调，但回调力度不能太强，不能跌破第一个涨停板的开盘价，且缩量回调为最佳。

③ 个股回调几个交易日之后（5个交易日之内），又再次涨停（图2-10中的涨停板为缩量涨停，但放量涨停为最佳），第二次涨停之后的第二天，如果个股开盘高开3个点以上，是比较好的入场点。

④ 如果第二天低开不及预期，则不要入场。

⑤ 如果第二天入场之后个股冲高回落，跌到5个点止损卖出。

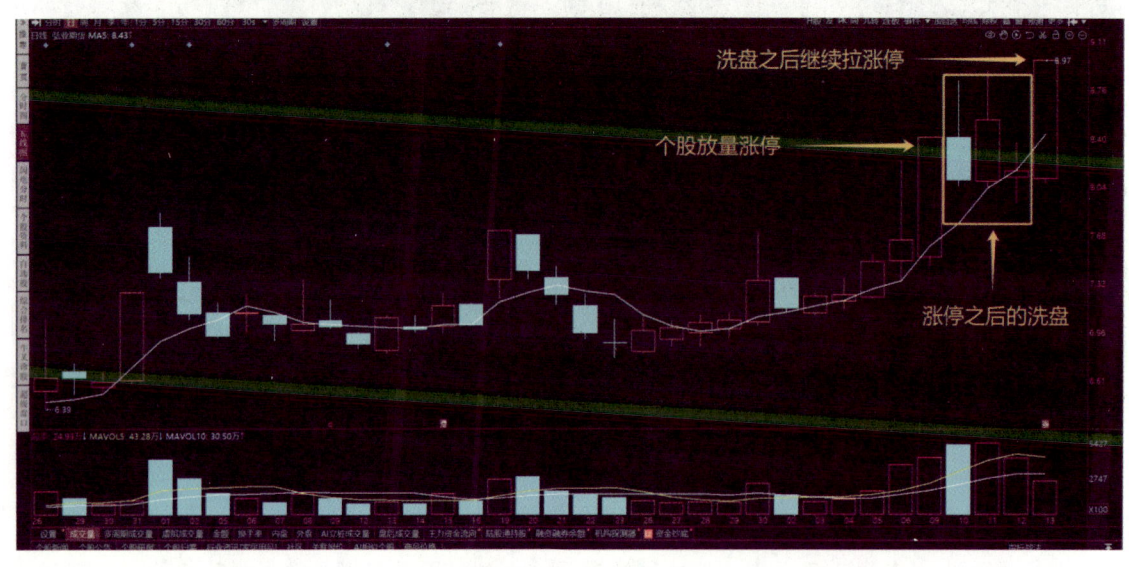

图2-10

当然，学习任何方法，我们都要做到活学活用，比如图2-11这个K线形态，我们一起来看一下。
它与上个案例最大的不同就是，这只股票是连续两天涨停之后才开始回调，这种形态也没有问题，它相比第一个案例的优势在于：

① 个股第一个涨停板为放量涨停，力度更强。

② 个股在回调的过程为缩量回调，回调的力度较弱，为接下来的拉升做准备。

③ 个股回调之后的涨停为放量涨停，拉升的力度较强，活跃度较高。

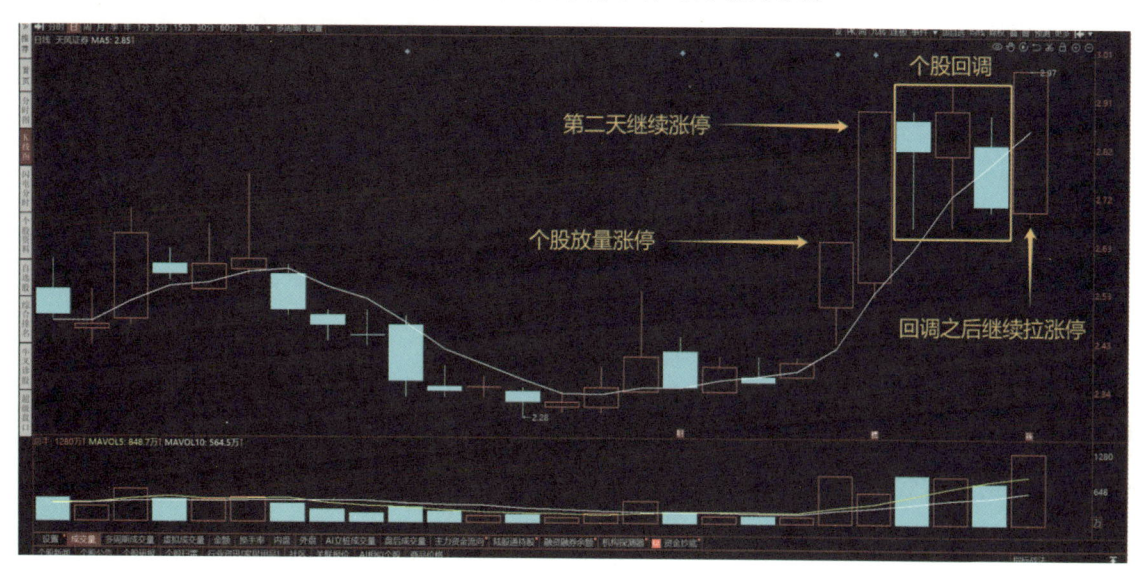

图2-11

5. 仓位控制

（1）如果满足全部条件的话，仓位可以控制在 50%—60%。

（2）如果其中有 1—2 个条件不满足，建议仓位控制在 20% 以下。

（3）如果其中有一半以上的条件不满足，建议仓位控制在 10% 以下，且务必慎重。

战法五　筹码战法之七星连珠

1. 战法概述

此战法是通过对筹码集中度的研究而创造出的龙头选股技巧。筹码是个股最重要的指标之一，也是判断个股拉升强度以及拉升持续性的重要信号。通过对筹码集中度数值的规范，锁定龙头股，加入其他的龙头股条件，创造出超级实用的龙头选股秘句。

2. 选股秘句

（1）涨停封成比大于25；

（2）90筹码集中度小于15%；

（3）换手率小于25%；

（4）股价小于20元；

（5）市值小于200亿；

（6）放量。

操作方法：将"涨停封成比大于25；90筹码集中度小于15%；换手率小于25%；股价小于20元；市值小于200亿；放量"输入到问财软件中，如图2-12、图2-13所示。

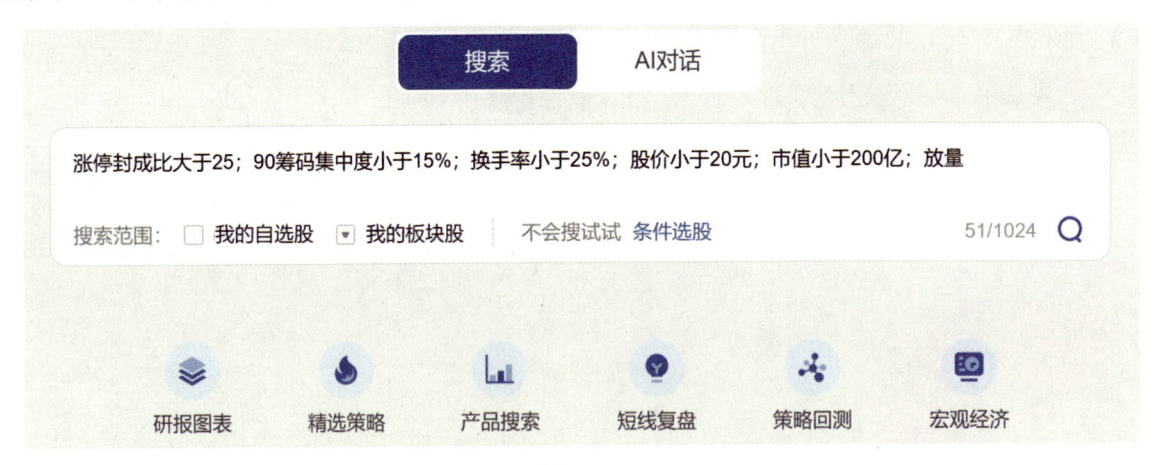

图2-12

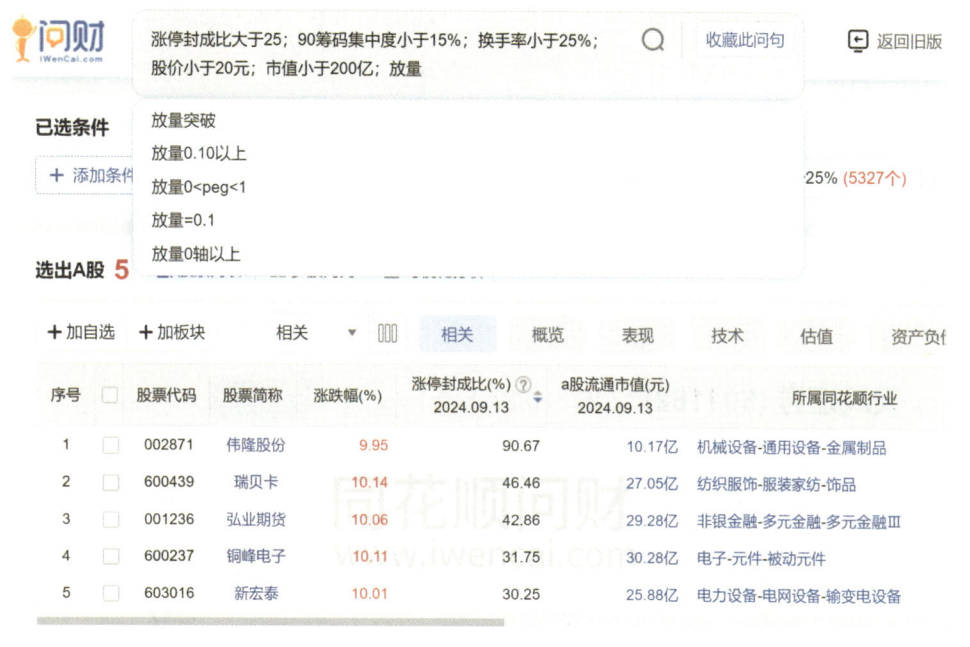

图2-13

3. 操作分解

（1）涨停封成比大于25

涨停封成比是一个比值，其完整写法应是：涨停封成比大于25%。

涨停封成比的全称是：涨停封单额占总成交额的比值（涨停板上的封单额/总成交额）。这个比值越大，意味着封单的强度越高，个股未来的持续性就会越强。

如果大家用的是电脑版同花顺，涨停封成比可以在涨停股的右上角查到（个股当时必须处于涨停状态），在同花顺电脑版显示的是"封单占成交"，如图2-14所示。

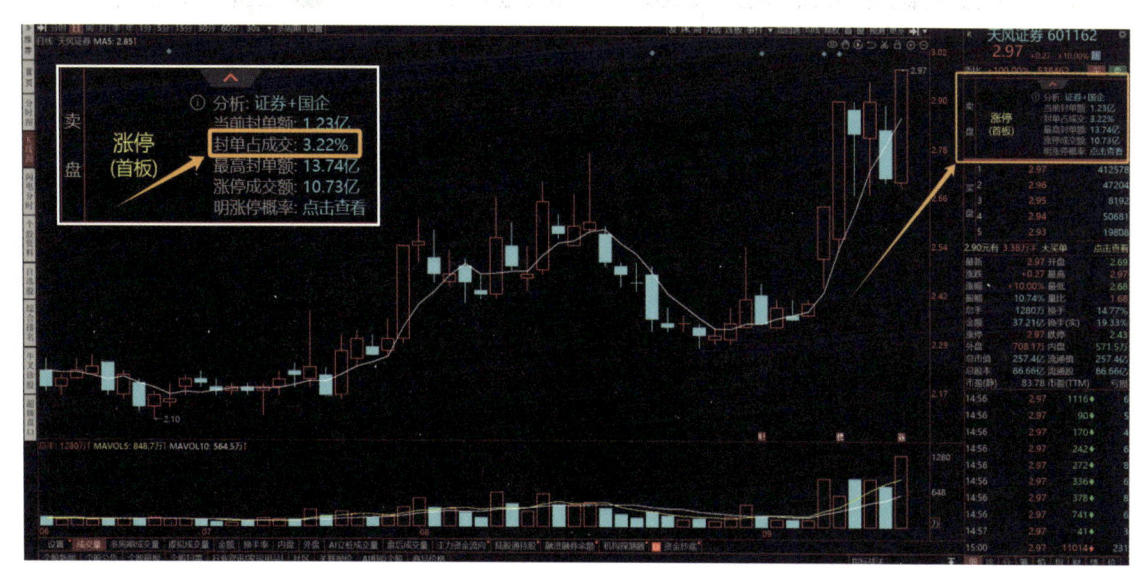

图2-14

如果大家用的是手机版，可以在手机上下载一个"问财"软件，在软件搜索框中输入：某涨停股票名称或代码；涨停封成比。

例如输入："天风证券；涨停封成比"，如图2-15所示。

图2-15

我们可以看到，天风证券的涨停封成比只有3.22%，不符合大于25%的要求。

而图2-16中的两只股票涨停封成比（封单占成交）的数值一个为31.75%，一个为192.19%，均大于25%，符合要求。

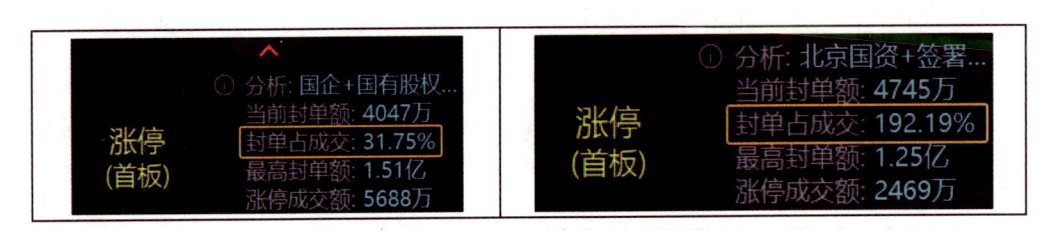

图2-16

（2）90筹码集中度小于15%

筹码集中度分为两类：70筹码集中度和90筹码集中度。

70筹码集中度为15%的意思是：70%的个股筹码集中在了15%的人的手里。

90筹码集中度为15%的意思是：90%的个股筹码集中在了15%的人的手里；

在这里，我们选用90筹码集中度这个指标，因为其更为精准。这个数值越低，说明筹码集中度越强。比如10%的集中度就要强于15%的集中度。

通过观察电脑版同花顺的筹码集中度，我们可以清楚地看到两类筹码集中度的数字情况，如图2-17所示。

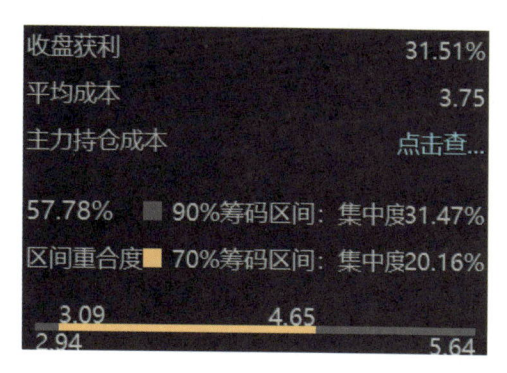

图2-17

我们重点观察90筹码集中度，也就是图中显示的90%筹码区间，集中度数值要小于15%，才能满足本战法对于股票集中度的要求。

图2-18中左图的集中度数值为31.47%，不满足集中度数值小于15%的要求；右图的集中度为12.95%，满足集中度数值小于15%的要求。

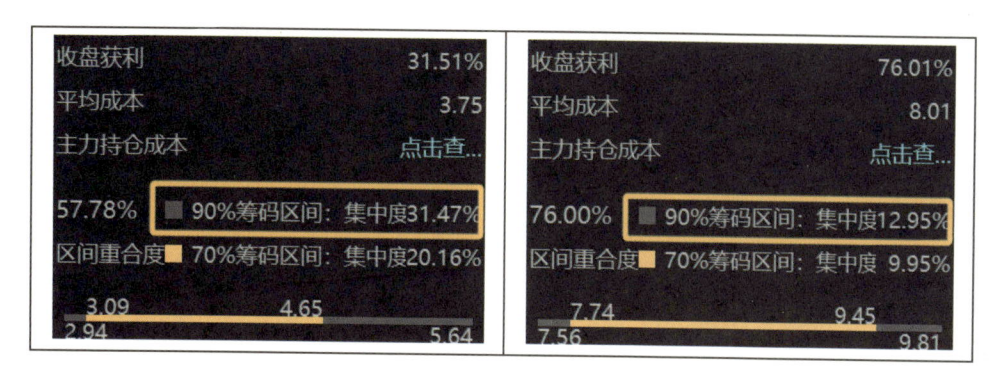

图2-18

（3）换手率小于25%

大部分龙头的换手率都不能过高，因为龙头非常容易出现大量出货的状态，而换手率就是判断龙头是否稳定的一个关键指标。换手率过高，则龙头分歧的风险越大，就越是要小心入场。

（4）股价小于20元

在选择合适的龙头标的时，要注意股票的价格不能过高，这样才能更容易带来资金的合力。因为无论是机构还是散户，都会对价格低的股票有一种偏爱。散户所在乎的是能让自己用较小的成本买到一只潜在龙头，机构所在乎的是能用较小的资金量将个股推到涨停甚至连板。

（5）市值小于200亿元

和第四个条件相似，价格低、市值小，都是龙头的特质。盘子太大，也就是市值太高的股票，不太容易成为连板股或者是妖股，因为这种股票若要达到涨停，需要的资金量非常庞大，不是单个游资或者机构能做到的。所以在游资造龙的时候，会优先选择小市值的股票。

（6）放量

放量意味着个股的活跃度较高，但其实也要看放量的位置。

如果放量的位置出现在龙头的前期（晋级三连板之前），则视为积极信号。因为龙头前期需要积累大量的资金，所以放量是一种比较正常的状态。

但如果是连续缩量涨停（锁仓）之后的放量板，那就要注意是否是主力出货的信号了。因为一般龙头都会倒在连续缩量后的突然放量，这几点会在接下来的"买卖择时"中重点讲解。

4. 买卖择时

（1）此战法选出的个股，一个核心指标就是涨停封成比，此数值越大，则说明涨停板的强度越高。需优先选择涨停封成比较高的个股。

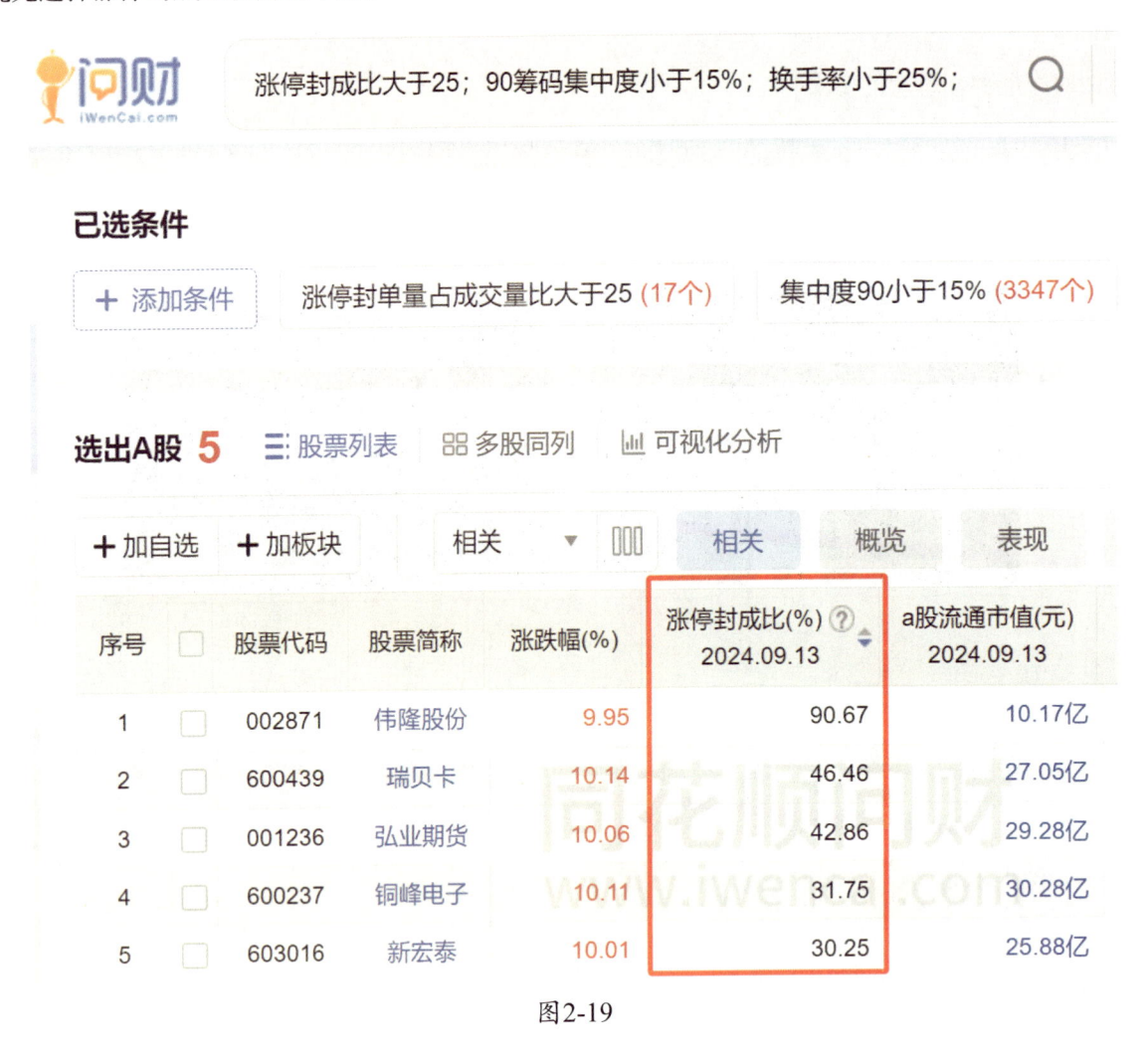

图2-19

（2）当个股处于下行趋势，就需要做出趋势压力线。如果放量涨停突破压力位，则要关注第二天是否会继续高开，维持突破趋势。如果能维持，则为比较好的入场点。

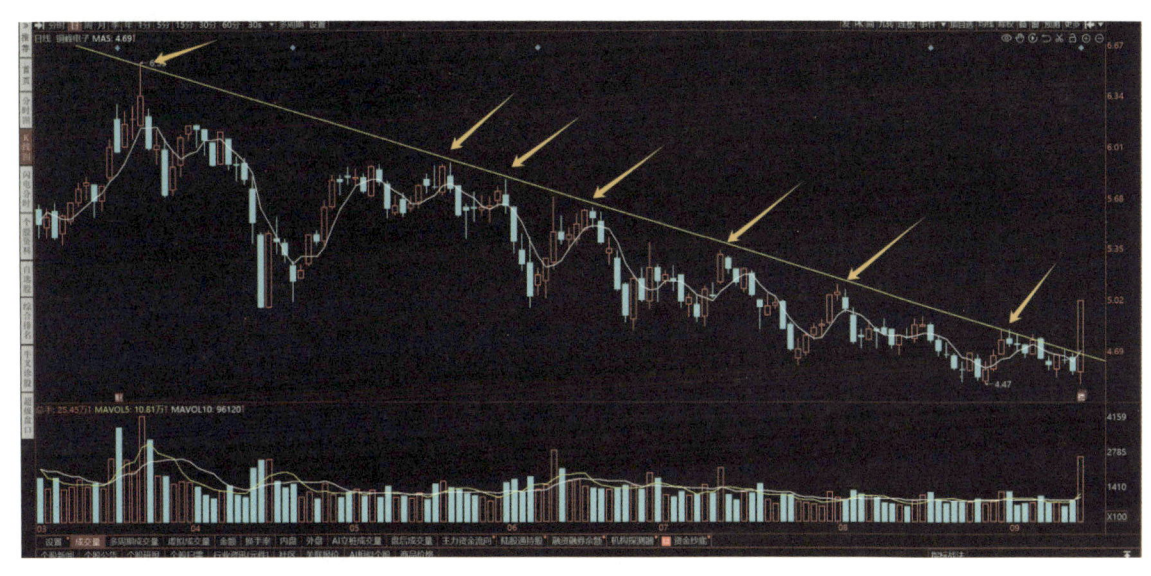

图2-20

如图 2-20 中的放量涨停，我们可以继续观察其分时图。股价在盘中出现急速拉升，说明市场有消息刺激或者有庄家做庄，如图 2-21 所示。如果第二天继续高开上涨，则要重点关注个股所在的概念是否成为市场中的主线；如果第二天出现回落，则大概率为庄家坐庄，拉高股价，方便筹码出货，这时不能入场。

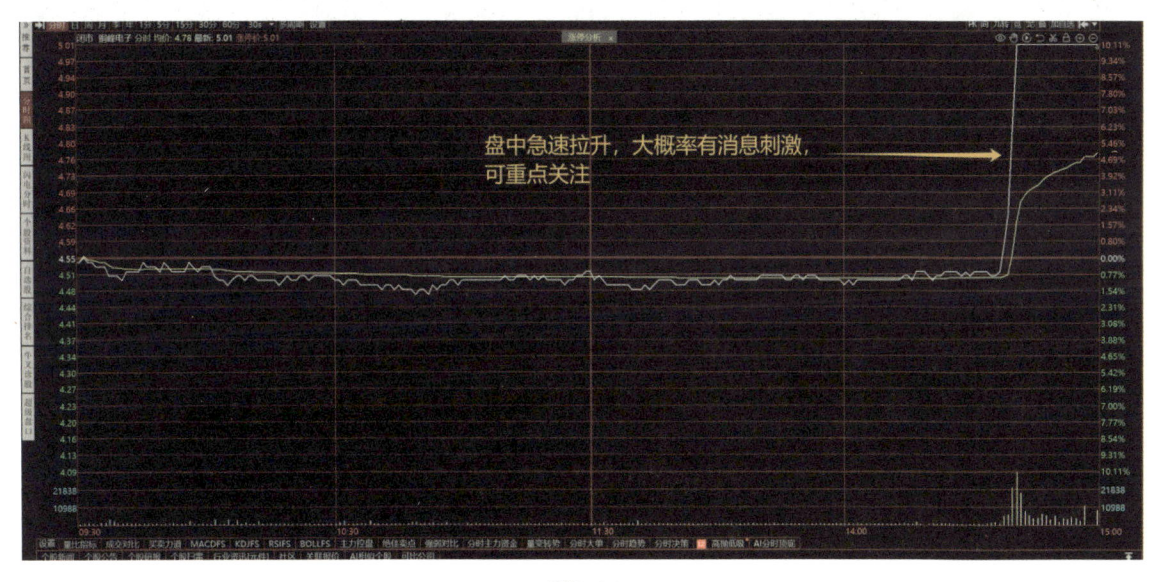

图2-21

（3）对于图 2-22 中这种盘中放量 T 字形态，散户应尽可能地少参与或者不参与。因为这种股票形态并不是正常龙头走势，属于盘中炸板然后迅速回封，一般是某一个庄家或者大户的手笔，并非市场合力推向涨停，所以尽量不要在一字板或者放量 T 字板时选择出手。

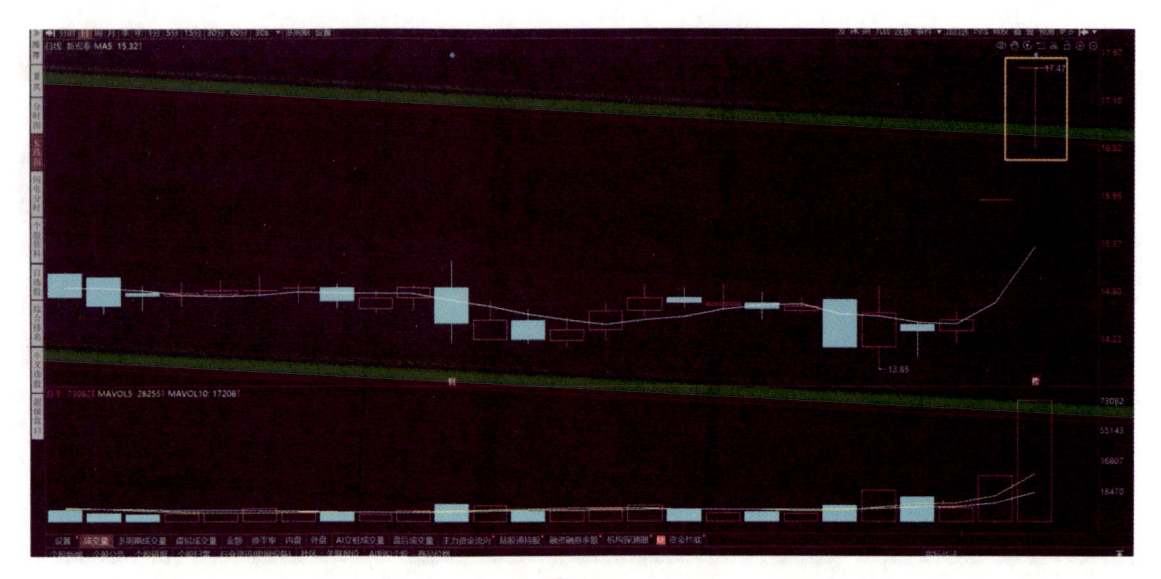

图2-22

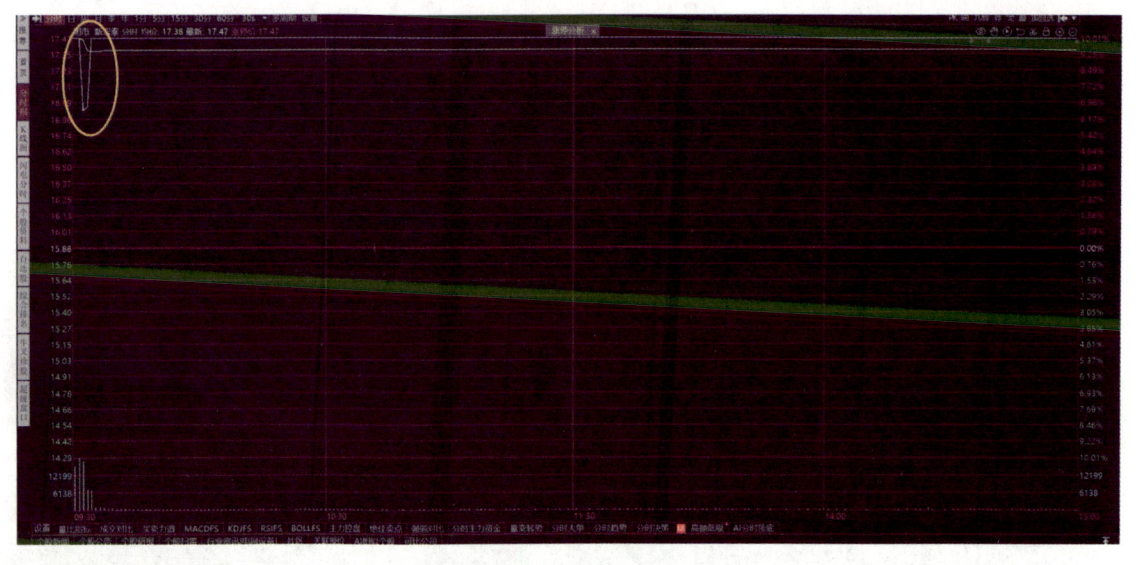

图2-23

5. 仓位控制

（1）如果选出的个股当前处于一字板或者T字板形态，仓位可选择空仓或者控制在20%以下。

（2）如果选出的个股90筹码集中度小于10%，封成比大于50，仓位可在50%以上。

（3）如果选出的个股90筹码集中度大于10%，封成比小于50，仓位可在20%—50%。

趋势牛股篇

战法六：趋势擒龙之暴涨形态

1. 战法概述

本战法选择出的股票是相对稳健的上升趋势股。稳健并不代表着低收益，通过加入其他的选股条件，能在保持稳健上升的过程中，还能保证相对较高的收益。

在日常的仓位控制中，趋势股应当占据持仓个股的一部分，这样不仅能降低整体的风险水平，对于稳健收益的提升也有着非常大的帮助。

2. 选股秘句

（1）上升通道；

（2）近一周股价涨幅大于5%；

（3）MACD 大于 0；

（4）换手率小于 20%；

（5）非 ST。

操作方法：将"上升通道；近一周股价涨幅大于5%；MACD 大于 0；换手率小于 20%；非 ST"输入到问财软件中，如图 3-1 所示。

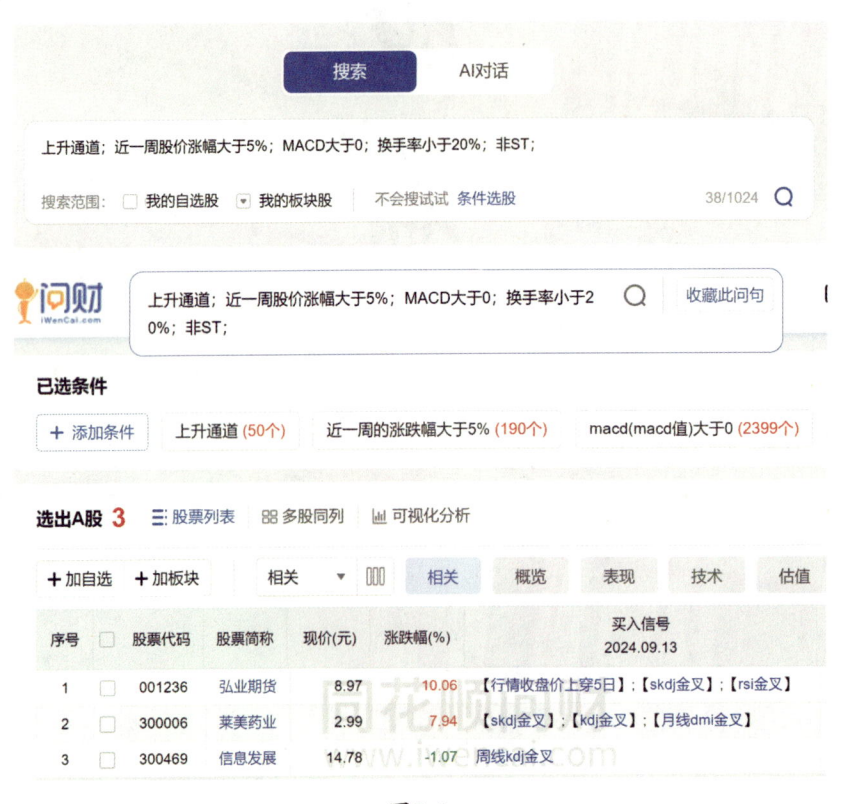

图 3-1

3. 操作分解

（1）上升通道

上升通道是本选股语句的核心，也是问财中的专属选股语句，如图 3-2 所示。输入"上升通道"可以将市场中具备上升趋势的股票一次性地全选出来。但这里要注意的是，有的上升趋势符合入场形态，有的则不符合，所以还需要增加其他条件，进一步筛选。

图 3-2

如图 3-3 所示，属于形态比较健康的上升趋势，支撑位较为明显，买卖点更容易判断。

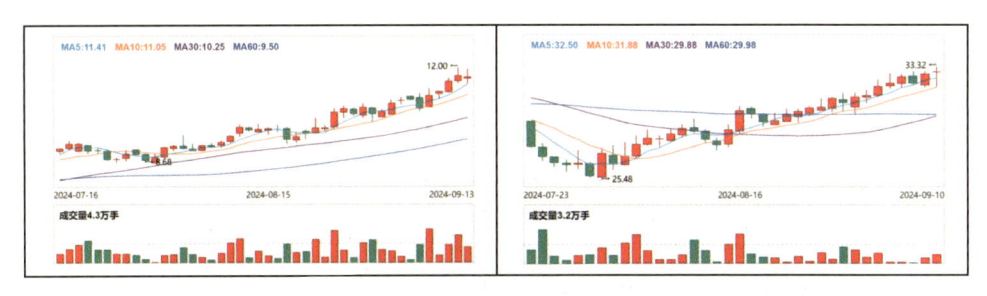

图 3-3

再看图 3-4 所示，属于形态不好的上升趋势，上涨形态较弱，且 K 线上影线过长，意味着盘中的大起大落，不符合上升趋势稳健的特征。

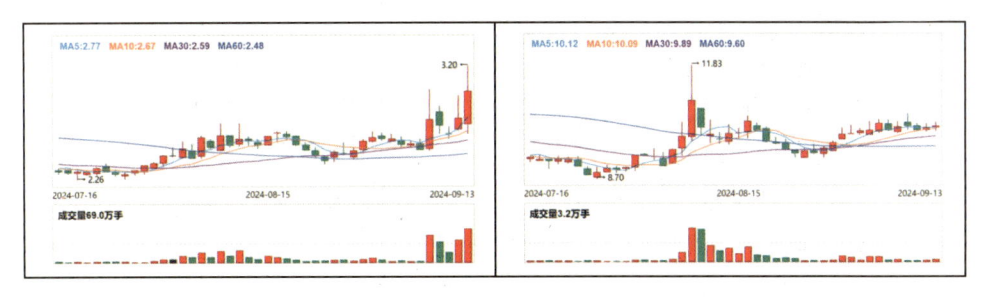

图3-4

（2）近一周股价涨幅大于 5%

此战法选择的是具有明显上升趋势且形态稳健的个股。但稳健并不意味着牺牲大部分的涨幅，过于稳健的票就相当于没有了盈利的空间，如图 3-5，看上去也存在着一定的上升趋势，但上涨力度较弱，近一周的涨幅不超过 2 个点。

所以设置此条件，是帮助投资者选择上升趋势较强的票，避免上升力度较弱的标的。

图3-5

（3）MACD 大于 0

一般投资者习惯使用 MACD 的金叉或死叉来判断股票的买卖点，但其滞后性比较强，所以经常会起到相反的作用，造成低卖高买的后果。

但 MACD 除了金叉和死叉，其本身的指标数值对于判断趋势股的上升强度作用非常大。当 MACD 大于 0 的时候，如图 3-6 所示，意味着当前主力资金的流入量明显大于流出量，而这也是趋势股保持上升状态所需要的。

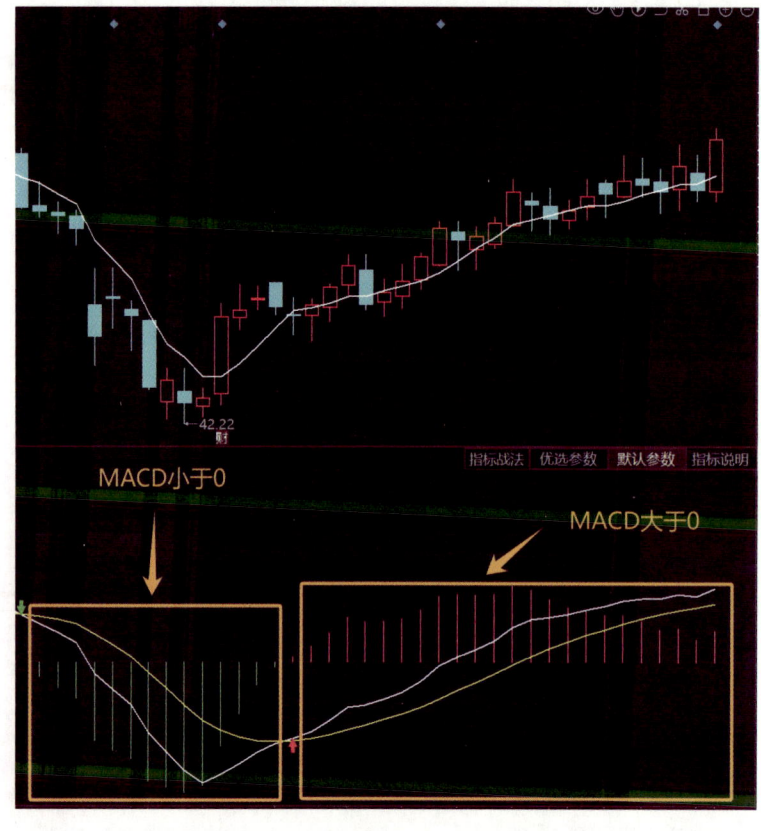

图3-6

（4）换手率小于20%

趋势股较为重要的地方在于稳健，所以无论是K线形态或者资金状态都不能有太强的波动性，而通过限制换手率的数值就能达到这个效果。换手率的数值越大，个股的波动性越强，数值越小，波动性就会越弱。

（5）非ST

ST类型的股票风险较高，不太容易出现上升趋势票，即使出现了，也不应该选择，所以此处把ST类的股票全部去掉。

4. 买卖择时

（1）判断趋势股的买卖点，最重要的就是找到其支撑均线。不同个股的支撑均线也各不相同，最常见的有5日均线、10日均线和20日均线。

（2）确定好支撑均线之后，再确定买入点。如果个股回调到对应均线，第二天开始反弹，即为买入点；如果第二天没有反弹，反而继续下跌，并且跌破支撑均线，则不能买入。

（3）个股跌破支撑均线，为减仓点或者清仓点。具体区分为：跌破第一天减仓50%，连续跌破3天即可清仓。

案例：以5日均线为支撑线，如图3-7所示

- 个股多次回调到5日线出现反弹，则可初步确定5日线为支撑线；
- 回调到5日均线，如果第2天发生反弹，则为买入点；
- 跌破5日均线，即为减仓点或卖出点。

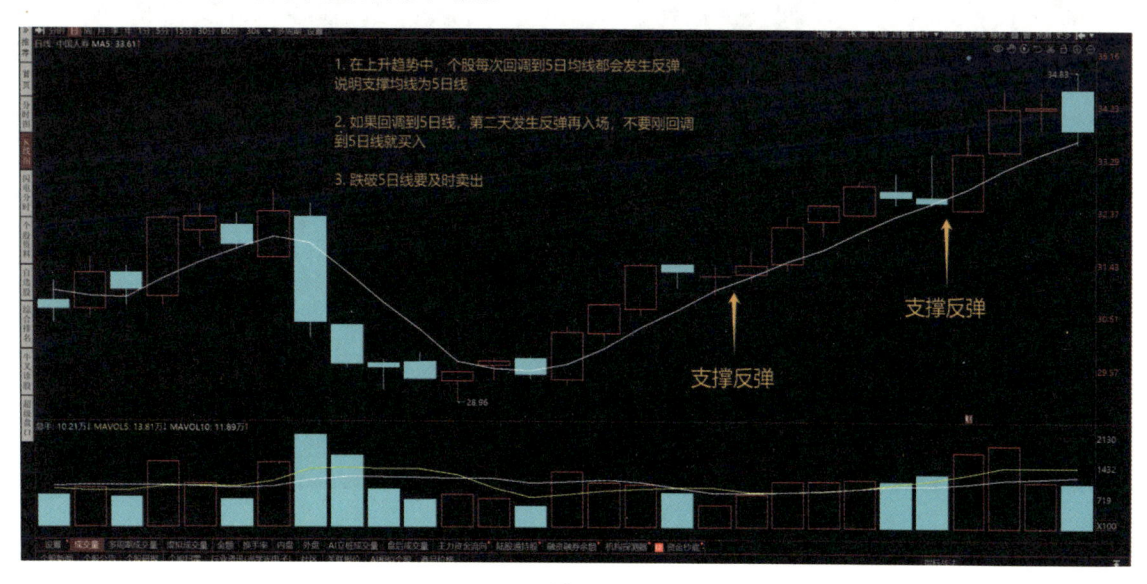

图3-7

案例：以10日均线为支撑线，如图3-8所示

- 个股多次回调到10日线出现反弹，则可初步确定10日线为支撑线；

- 回调到 10 日均线，如果第 2 天发生反弹，则为买入点；
- 跌破 10 日均线，即为减仓点或卖出点。

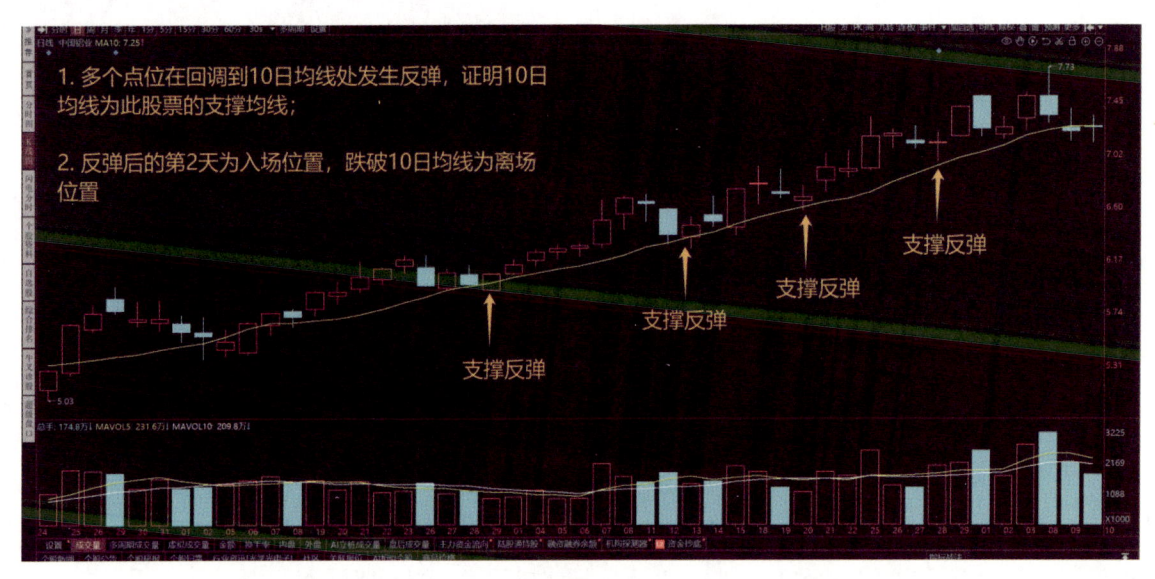

图3-8

案例：以 20 日均线为支撑线，如图 3-9 所示

- 个股多次回调到 20 日线出现反弹，则可初步确定 20 日线为支撑线；
- 回调到 20 日均线，如果第 2 天发生反弹，则为买入点；
- 跌破 20 日均线，即为减仓点或卖出点。

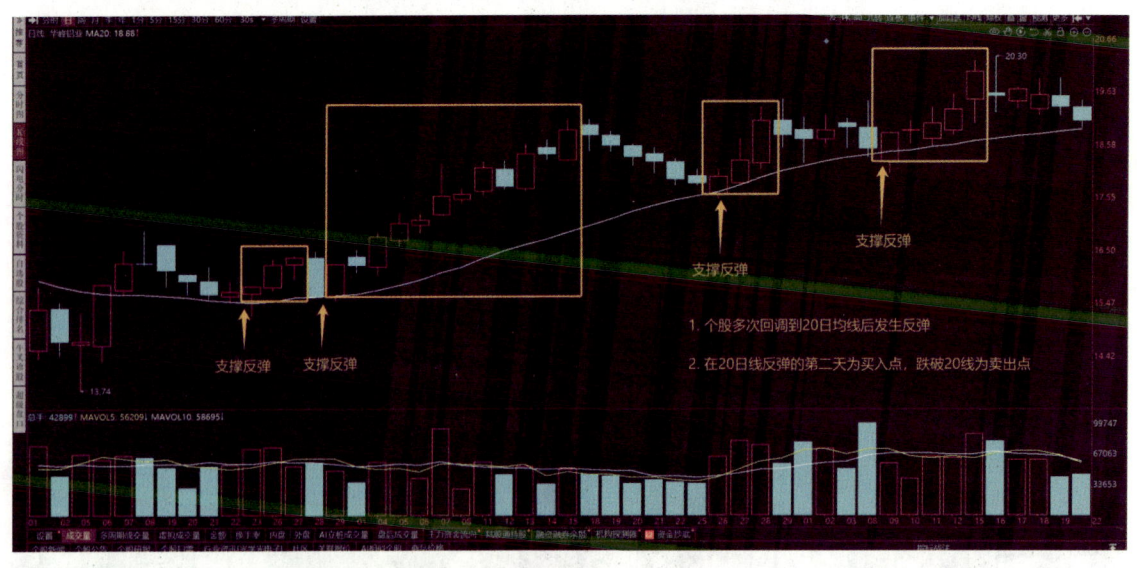

图3-9

案例：以 30 日均线为支撑线，如图 3-10 所示

- 个股多次回调到 30 日线出现反弹，则可初步确定 30 日线为支撑线；
- 回调到 30 日均线，如果第 2 天发生反弹，则为买入点；
- 跌破 30 日均线，即为减仓点或卖出点。

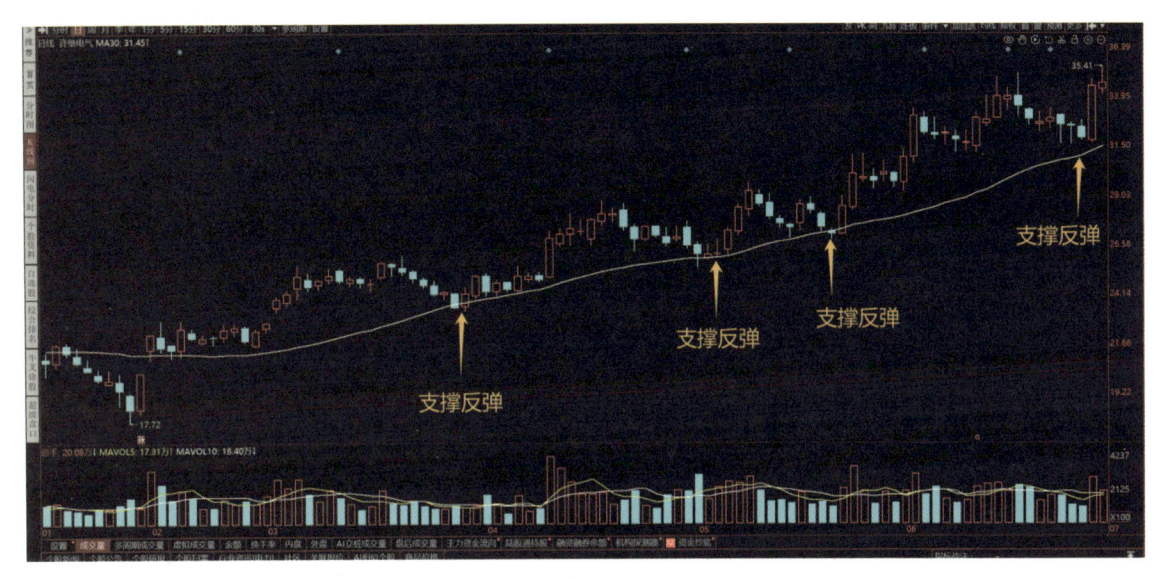

图3-10

5. 仓位控制

趋势股的仓位应当控制在总仓位的 10%—30%，不宜过多，也不宜过少。过多的话会影响总体收益，过少的话会增加整体的风险。

在上升形态中出现的支撑点越多，代表支撑性越强，仓位就可以增加。

（1）如果在上升趋势中只出现了一个支撑点，则仓位需要控制在 10% 左右。

（2）如果在上升趋势中出现了两个支撑点，则仓位可控制在 20% 左右。

（3）如果在上升趋势中出现了三个支撑点以上，则仓位需要控制在 30% 左右。

战法七　趋势破位起爆战法

1. 战法概述

本战法依旧是筛选趋势股，但相较战法六的选择更为强势，选出的股票介于趋势股与龙头股之间，既有趋势股的稳健，也有龙头股的高收益，仓位也可以适当提高。

2. 选股秘句

（1）股价创 60 日新高；

（2）上升趋势；

（3）主力资金控盘；

（4）近一周股价上涨超过 10%；

（5）上影线小于 5%；

（6）主板；

（7）非 ST。

操作方法：将"股价创 60 日新高；上升趋势；主力资金控盘；近一周股价上涨超过 10%；上影线小于 5%；主板；非 ST"输入到问财软件中，如图 3-11 所示。

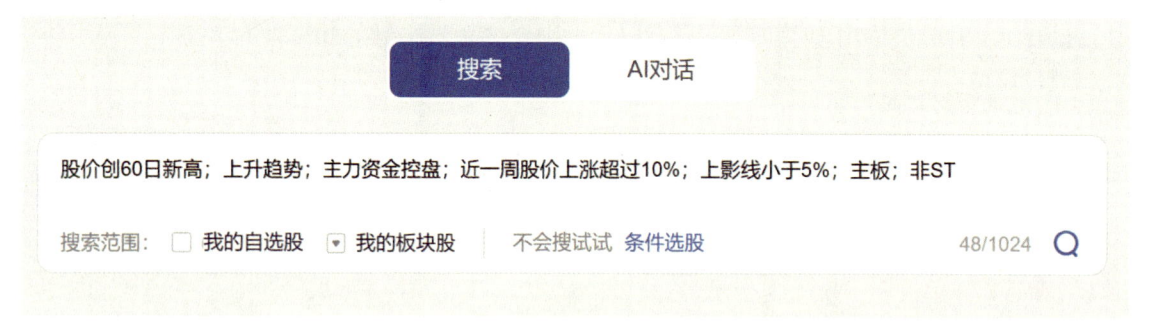

图 3-11

3. 操作分解

（1）股价创 60 日新高

有人看到这个条件后，可能会有一个疑问：创新高的股票还能买吗？会不会太高了？

其实股价从本质上来说，没有太高与太低之分，只要个股的热度一直在，资金一直净流入，那它的股价就会一直上涨。所以大家在日常中不要用"看上去太高了"或者"看上去太低了"来看待股价，这是一种非常不专业的理解。

股价创 60 日新高这个条件，其主要目的是规避掉近两个月的套牢盘。股价只要处于创新高的状态，就说明近期的套牢盘基本上被完全消化掉了，进而说明了资金进攻的强势程度，如图3-12、图3-13所示。

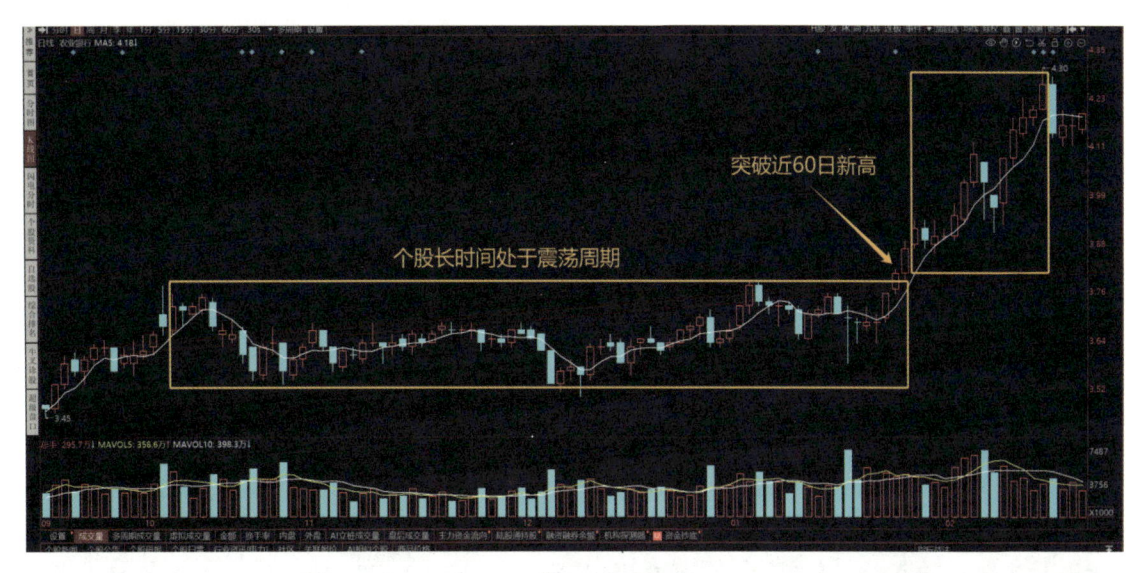

图3-12

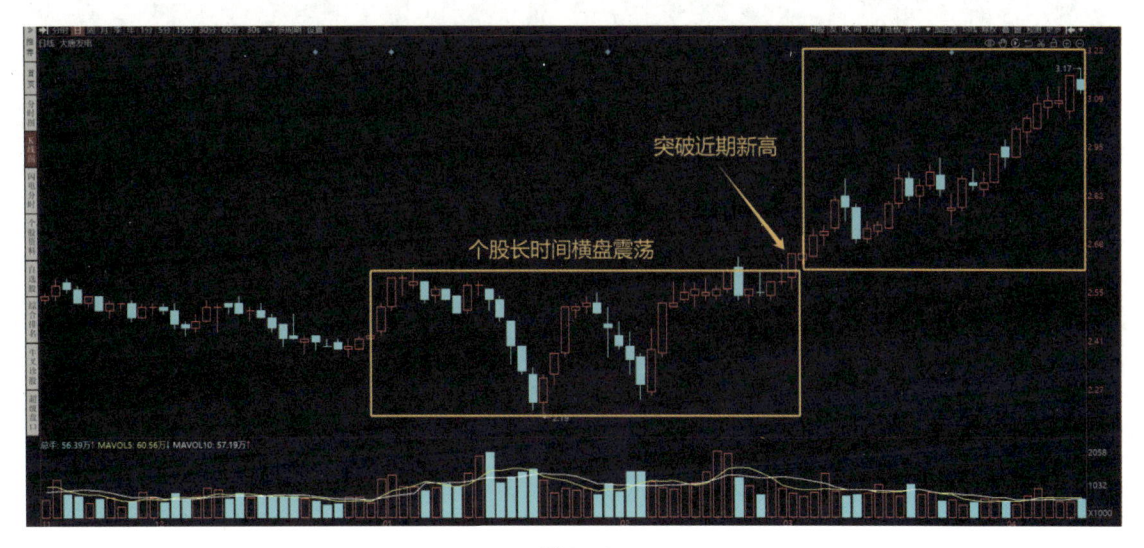

图3-13

（2）上升趋势

上升趋势也就是上升通道，属于此选股语句中的核心，目的是选出具备上升趋势且持续性较强的票。

（3）主力资金控盘

在之前的战法中，我们提到过一个语句，叫做"主力资金高度控盘"，本战法中少了"高度"两个字，为"主力资金控盘"。主力资金高度控盘说明主力的控盘力度大于60%，而主力资金控盘说明主力的控盘力度大于20%小于60%，如图3-14所示。

为什么这里不加入高度控盘？因为趋势股和龙头股的属性不一样。一般趋势股很少有一家独大的情况，如果出现了庄家高度控盘，那就不能按照趋势股的方法进行操作。

加入主力资金控盘是因为好的趋势股都会有主力资金的参与，只不过不会控盘程度很高，这样对于其上涨动能会起到很好的促进作用。

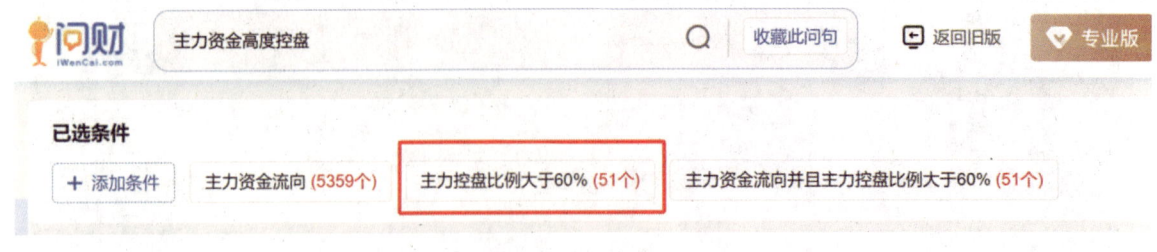

图3-14

（4）近一周股价上涨超过10%

这个战法选出的趋势股更注重收益，而战法六选出的趋势股更注重稳健（战法六中的条件为：近一周股价上涨超过5%），此战法除了能够选出稳健上涨的趋势股，也能选出爆发式上涨的趋势龙头。

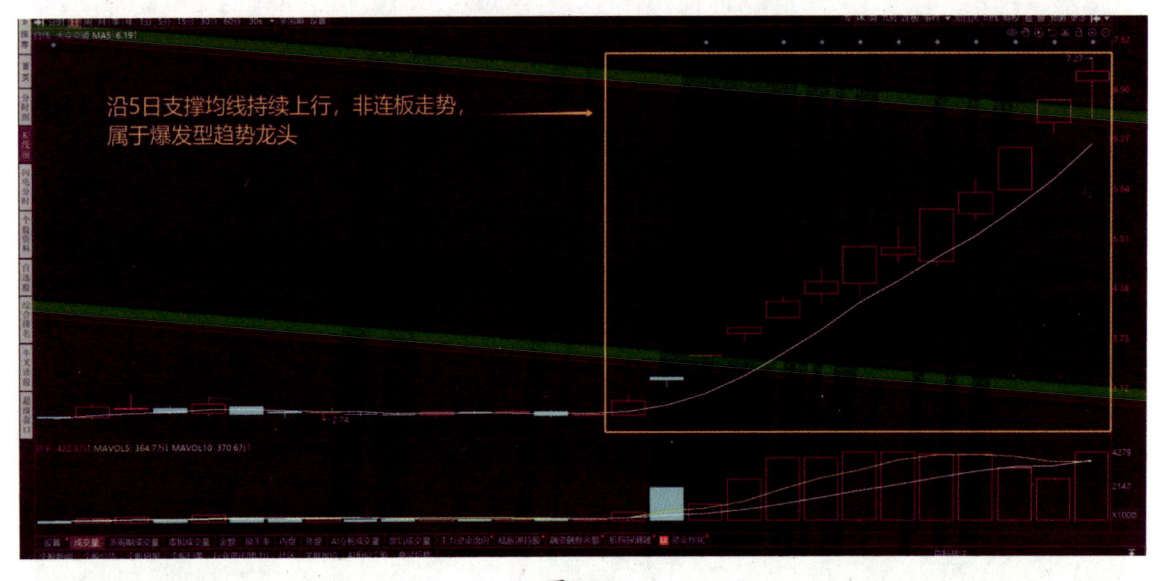

图3-15

（5）上影线小于5%

上影线的高度意味着冲高回落的强度。如果上影线较长，则说明股票在盘中遭遇了比较强的打压，此时要注意主力出货的风险。较短的上影线属于正常走势，但如果盘中冲高回落的力度太强，比如盘中回落5个点以上，则要注意阶段性上升趋势的结束，如图3-16所示。

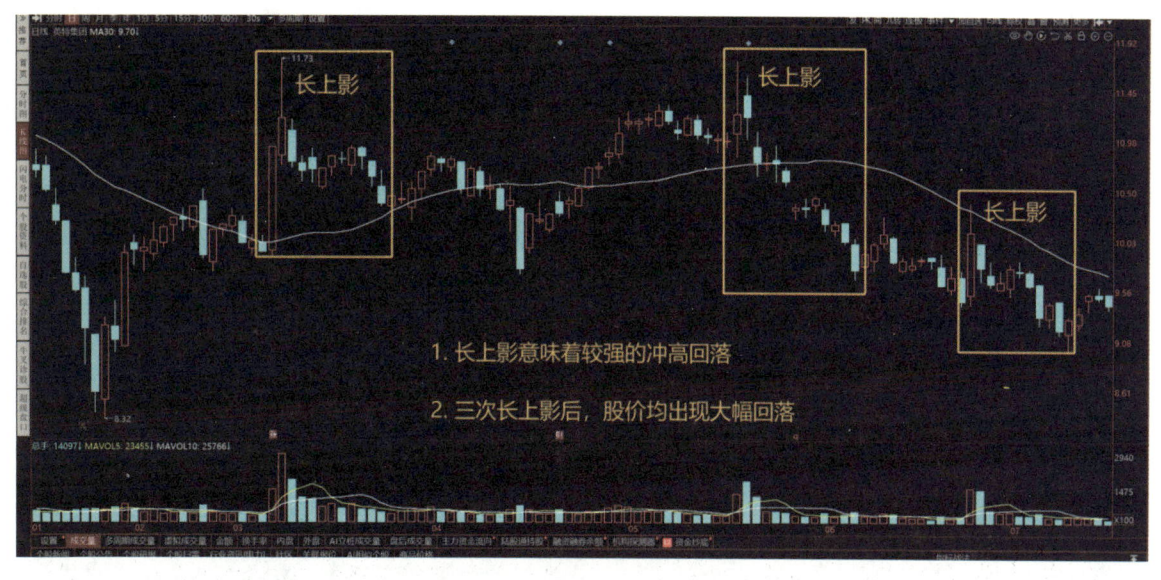

图3-16

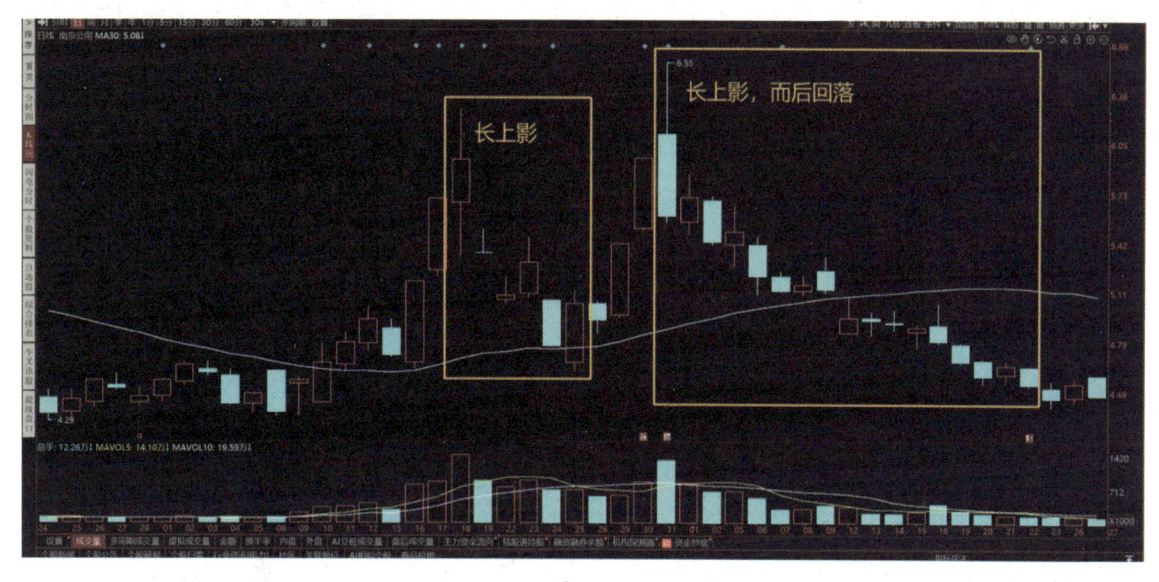

图3-17

（6）主板

此战法只适合在主板中选择，不适合其他的板块。因为其他板块的涨跌幅限制更宽松，波动更大，不容易产生比较强的趋势股。

（7）非ST

ST的股票为高风险股，而趋势股更重要的是稳健上涨，所以要去掉ST的股票。

4. 买卖择时

关于入场时机

（1）首先要确定趋势股的支撑均线；

（2）我们看图3-18，黄色箭头指的是刚刚回踩支撑均线，此时并不是最好的入场时机，而是要看第二天会不会发生反弹；

（3）我们再看图 3-18 中的红色箭头，可以看出在前一天回踩重要支撑均线后，第二天持续反弹上升，此时是入场的机会。

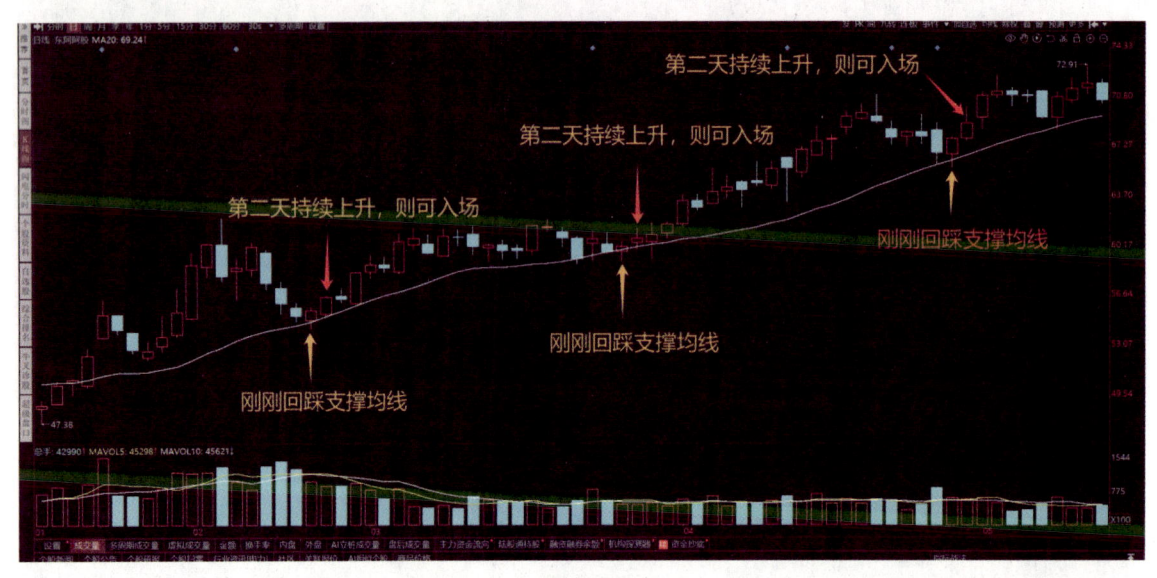

图3-18

关于离场时机

（1）首先要确定趋势股的支撑均线；

（2）我们看图 3-19，黄色箭头指的是支撑位，绿色箭头指的是跌破了支撑位（支撑均线）；

（3）跌破支撑位之后，一定要快速离场，不要犹豫，等再次站上支撑位之后再考虑入场即可；

（4）这里要注意一点，跌破支撑位之后，支撑均线就会变成压力均线，给突破增加难度。

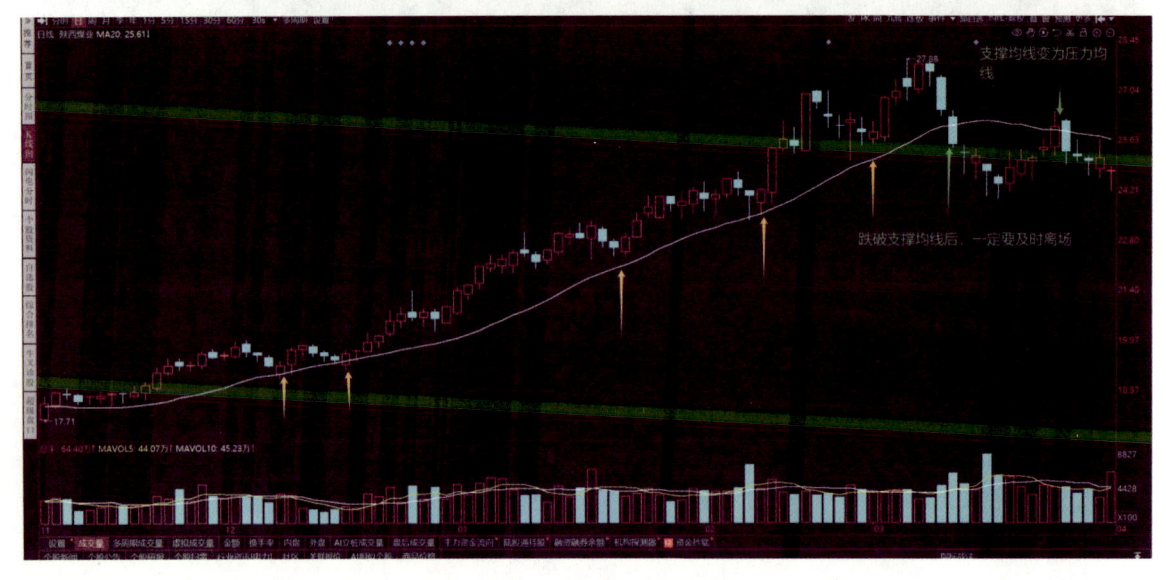

图3-19

5. 仓位控制

本战法选出的趋势股较为强势，介于趋势与龙头之间，仓位应当控制在总仓位的30%—50%。在上升形态中出现的支撑点越多，代表支撑性越强，仓位就可以增加。

（1）如果在上升趋势中只出现了一个支撑点，则仓位需要控制在30%左右。

（2）如果在上升趋势中出现了两个支撑点，则仓位可控制在40%左右。

（3）如果在上升趋势中出现了三个支撑点以上，则仓位需要控制在50%左右。

战法八　强中选强多头战法

1. 战法概述

此战法选出的趋势股均在 5 日均线之上，所以整体选出的标的都非常强势，主要目的是筛选出市场中爆发性较强的趋势龙头，在保证稳健的同时获得市场红利带来的爆发性收益。

2. 选股秘句

（1）上升通道；

（2）多头排列；

（3）股价在 5 日均线之上；

（4）市值小于 200 亿；

（5）MACD 大于 0；

（6）看行业

操作方法：将"上升通道；多头排列；股价在 5 日均线之上；市值小于 200 亿；MACD 大于 0；行业"输入到问财软件中。

3. 操作分解

（1）上升通道

上升通道为趋势战法中的核心语句，可以帮助投资者快速选出具备上升趋势的个股，加之其他条件的辅助，选出稳健和收益兼具的个股。

（2）多头排列

多头排列指的是均线多头排列，位置上的要求为：5 日均线 >10 日均线 >20 日均线。均线多头排列意味着个股的整体趋势向上，和上升通道有异曲同工之妙。

如图 3-20、图 3-21 所示，白色线为 5 日均线，黄色线为 10 日均线，紫色线为 20 日均线。三条线的排序形成了一个完整的上升趋势。

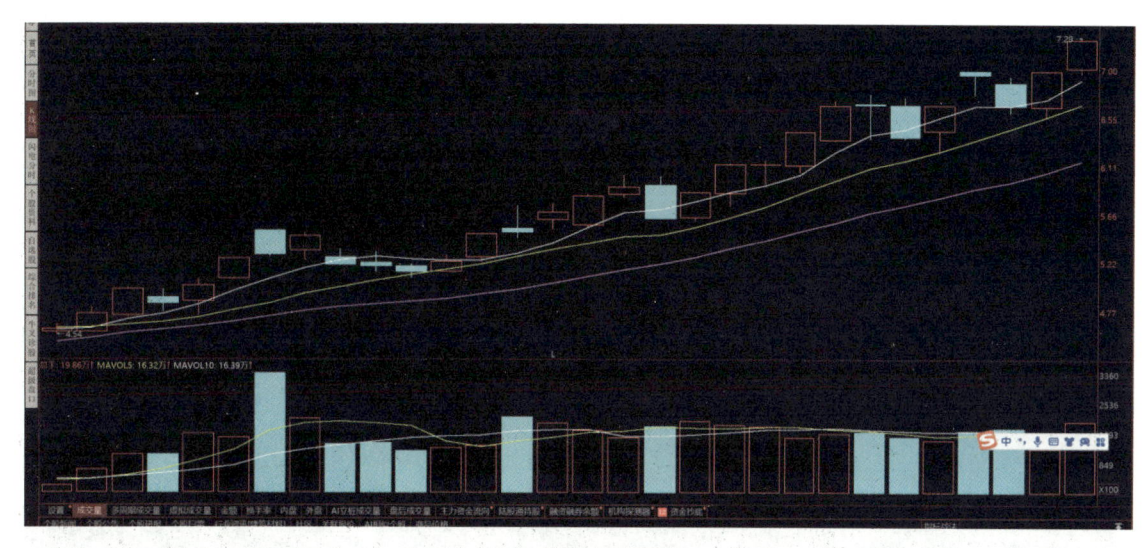

图3-20

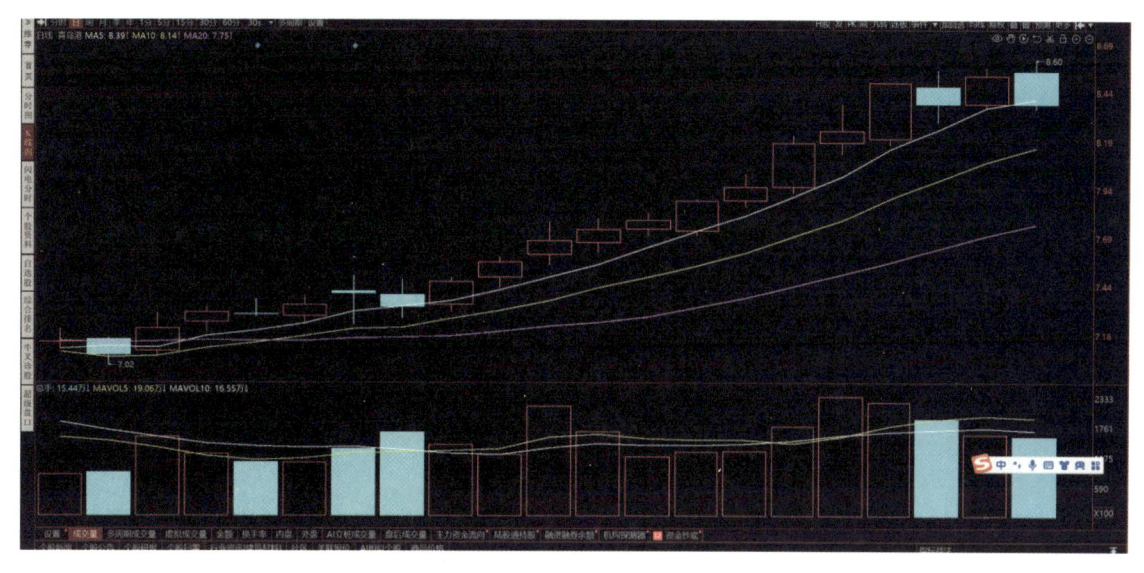

图3-21

与之相对应的是空头排列,位置上的要求为:5日均线<10日均线<20日均线。均线空头排列意味着个股的整体趋势向下,不适合散户投资者进行投资。

如图3-22所示,白色线为5日均线,黄色线为10日均线,紫色线为20日均线。三条线的排序形成了一个比较明显的下行趋势。

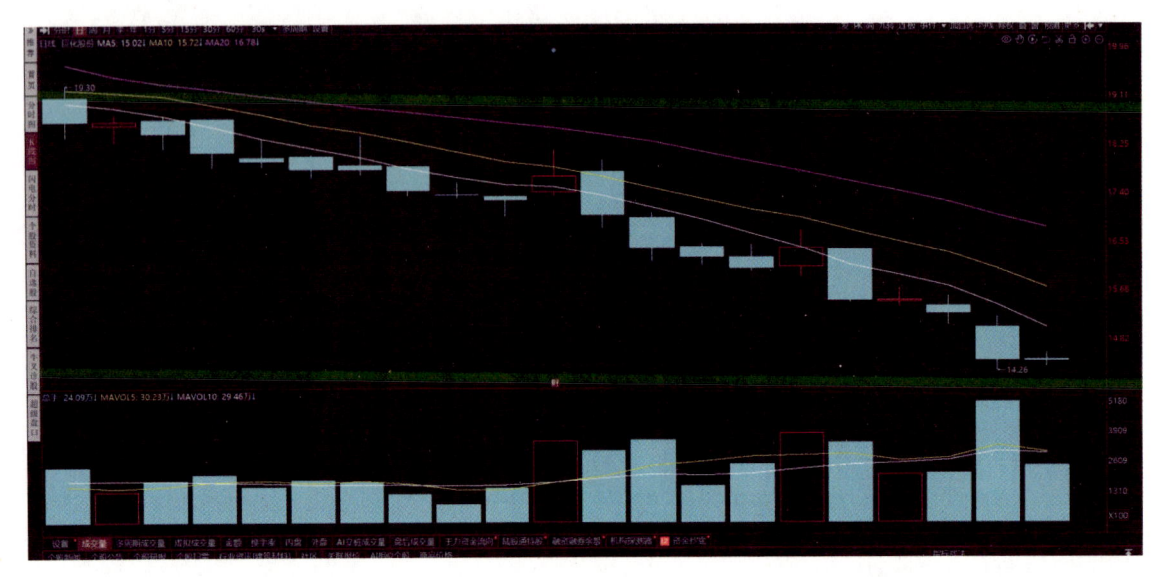

图3-22

（3）股价在5日均线之上

所谓强股不破5日线，5日均线一直是一个衡量股票强弱的标志，无论是趋势股还是龙头股，5日线都是一个重要关口，股价在5日线之上是强势股的标志，所以此处需加入条件"股价在5日均线之上"。

（4）市值小于200亿

此战法选出的是偏短期、偏爆发型趋势股，所以市值不会选择特别大的股票，否则会影响个股的上涨速度。越小市值的公司，其上涨所需的资金量就越小，也就越容易形成爆发型的趋势龙头。

（5）MACD大于0

之前的战法中提到过，MACD的金叉和死叉信号滞后性比较强，但MACD的数值对于趋势股来说有比较大的作用。MACD大于0的情况下，整体的个股上涨趋势向好。

当MACD出现红柱的时候，说明此时MACD的数值是大于0的，如图3-23所示。

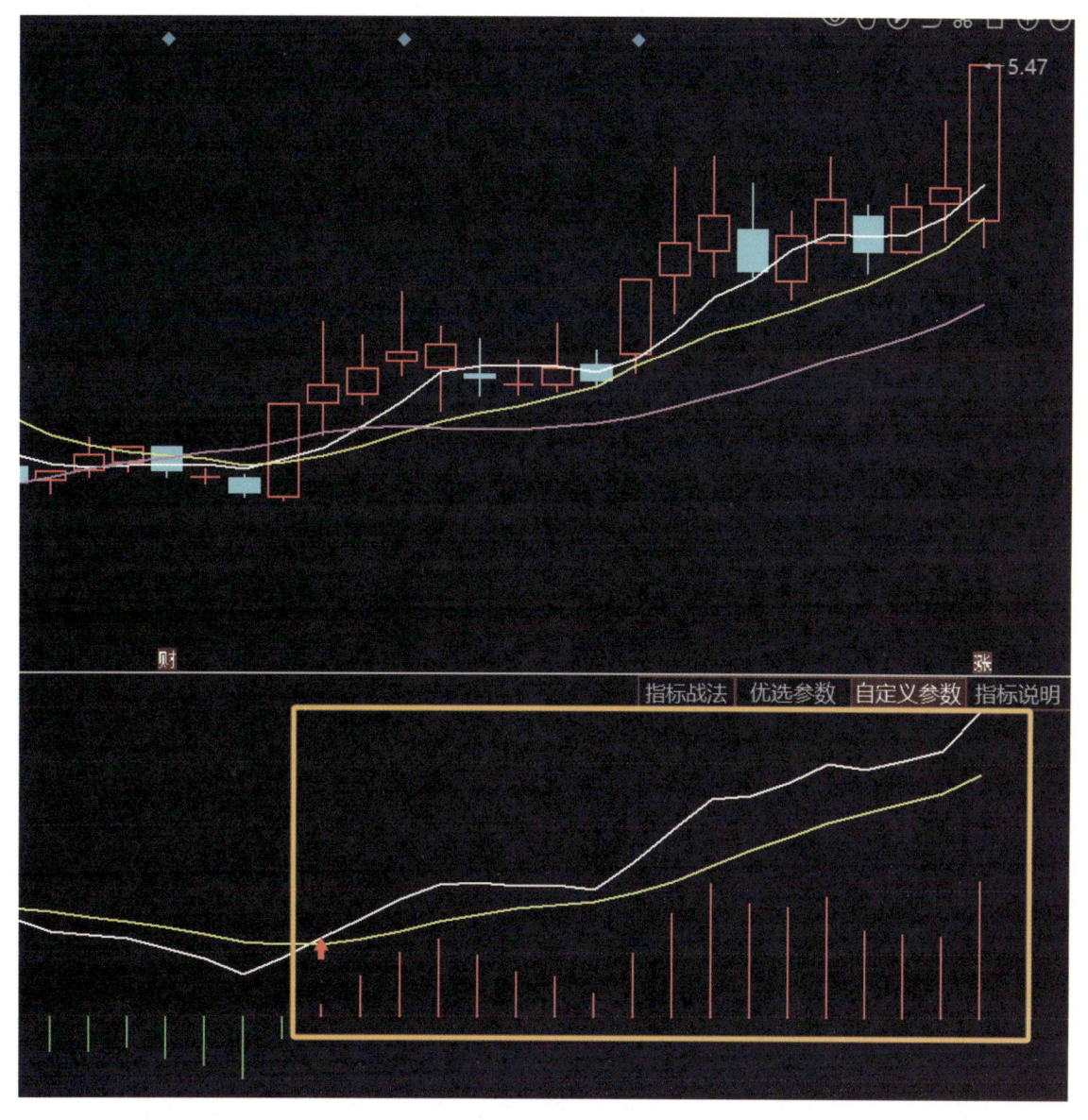

图3-23

（6）看行业

此战法选出的个股是偏爆发型的趋势股，所以如果个股所属的概念或行业属于市场主线，则趋势的爆发性会更强。在选出股票之后，要观察个股所属概念或行业，或者看其涨停原因是否属于当前市场的超级主线。

4. 买卖择时

（1）多头排列这个条件的加入更加确定了个股的短期趋势性，增加了趋势股的爆发性。如图3-24所示，多头排列+上升通道+5日均线之上的组合，筛选出的股票就会是这种形式，买入点就是在5日均线附近，卖出点在跌破5日均线时。

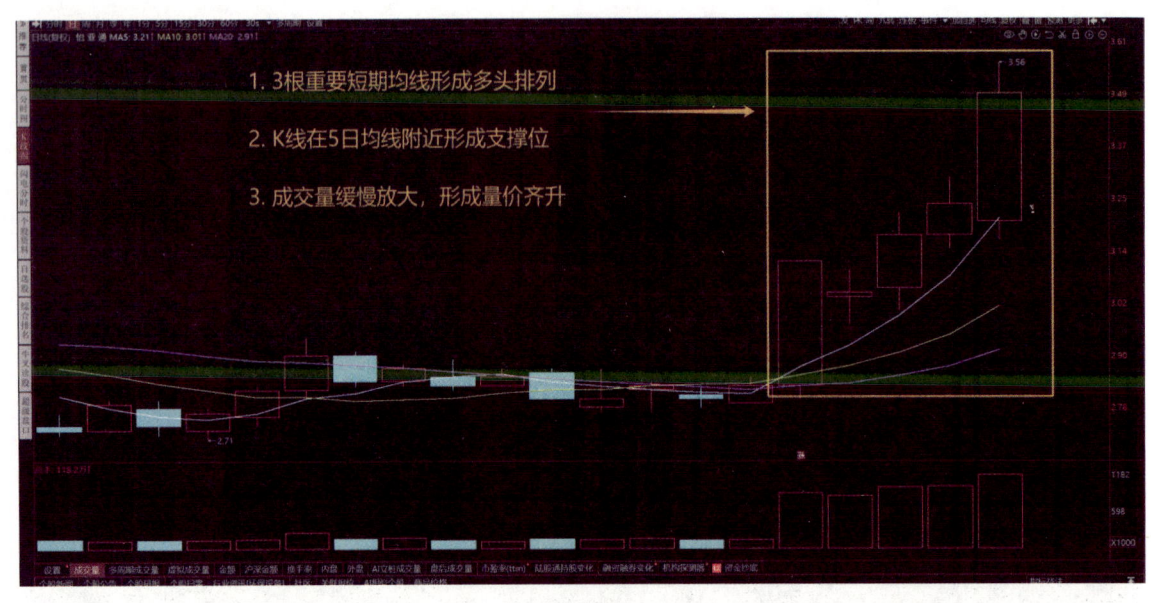

图3-24

下图的买入点就是在5日均线附近，最终的卖出点即为跌破其支撑线5日均线时。但在其跌破5日均线之前就已经发生了滞涨，所以知识点要灵活运用。

滞涨：股价在达到高点之后，开始在高位横盘震荡，且成交量保持稳定或者加速放大，股价此时面临的是上涨乏力和主力出货，此时要保持和主力的节奏一致，建仓出货，莫要接盘。

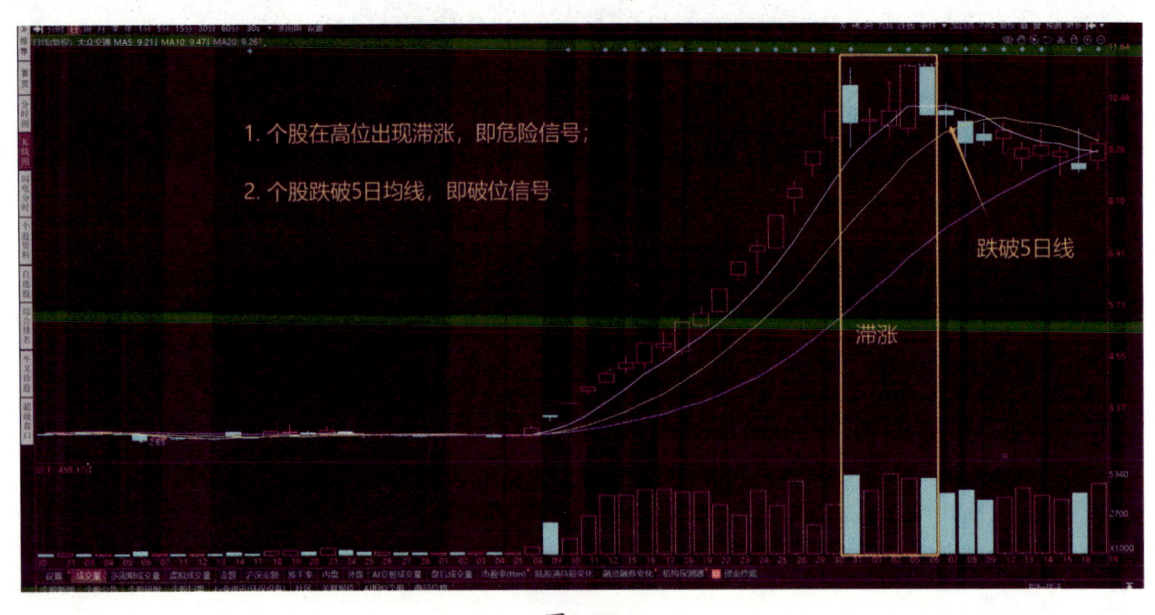

图3-25

（2）如图3-26所示的均线，其支撑线并不是5日线和10日线这样的短期均线，而是中期均线60日均线，个股属于中期趋势上涨，即跌破60日均线为卖出点，在60日均线发生支撑为买入点。

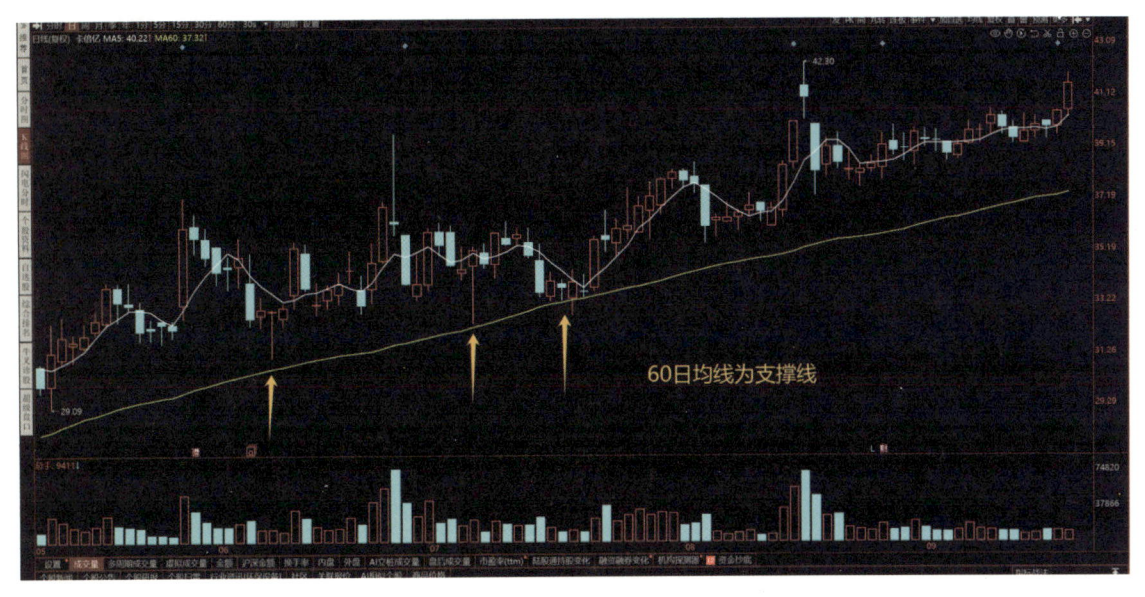

图3-26

5. 仓位控制

这个方法筛选出的大部分股票都是以 5 日均线为支撑均线，都具备强势股的特征，所以在仓位控制上可以参考短线龙头股的标准。另外一套控制仓位的方法就是以支撑均线的类型来判断仓位的大小。

（1）如果支撑均线为 5 日均线或 10 日均线，属于强势短线股范畴，仓位可以控制在 30%—50%。

（2）如果支撑均线为 20 日均线或 30 日均线，属于中期强势股范畴，仓位可以控制在 20% 左右。

（3）如果支撑均线为 60 日均线甚至以上，属于长期价值股范畴，仓位控制在 10% 以下即可。

本书还是以短线战法筛选短线龙头为核心理念，长期趋势股和价值股在短线选手的仓位比重并不高。

涨停晋级篇

战法九　强势涨停狙击战法

1. 战法概述

本战法选择出的是极具爆发属性的涨停股，主要考虑了量能对于涨停板的持续性所产生的影响，规避掉不适合散户的涨停板，去伪存真，选到符合当前市场主线的强势标的。

2. 选股秘句

（1）涨停；

（2）股价小于15元；

（3）量比大于2；

（4）涨停封流比大于1；

（5）涨停类型为放量涨停；

（6）非ST

操作方法：将"涨停；股价小于15元；量比大于2；涨停封流比大于1；涨停类型为放量涨停；非ST"输入到问财软件中，如图4-1所示。

图4-1

3. 操作分解

（1）涨停

此处的涨停不能是地天板和一字板这种极端形态的涨停板，因为这种股票太容易受到庄家的摆布，无法通过科学的手段判断其未来涨跌。这种股票的大涨大跌往往只在一瞬间，对于散户来说不是很好的选择标的。所以这里的语句也可以升级成为"涨停；非一字板；非地天板"。

地天板的盘中振幅达到 20 个点（只讨论主板），波动太大导致风险升高，会在短期内导致大量的资金不稳定和资金外流，很容易造成短期内的股价回落，如图 4-2 所示。

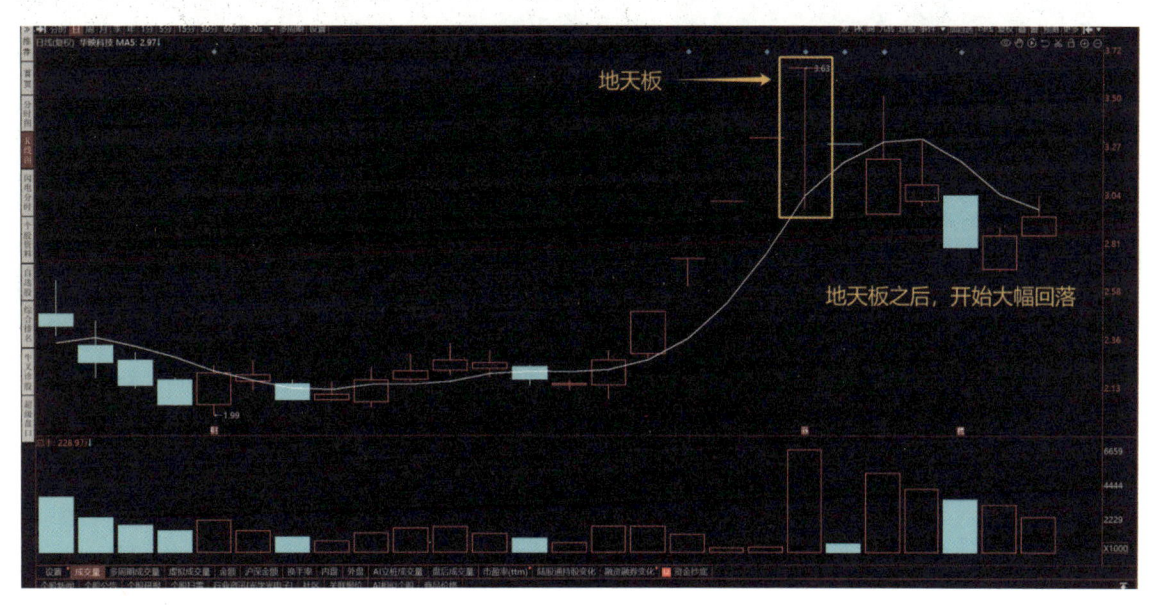

图 4-2

如图 4-3 所示，地天板之后的第二天，超长的上影线代表着股价的冲高回落，产生大量套牢盘的同时，也会引起资金的恐慌加剧，使得股票出现加速下跌的走势。

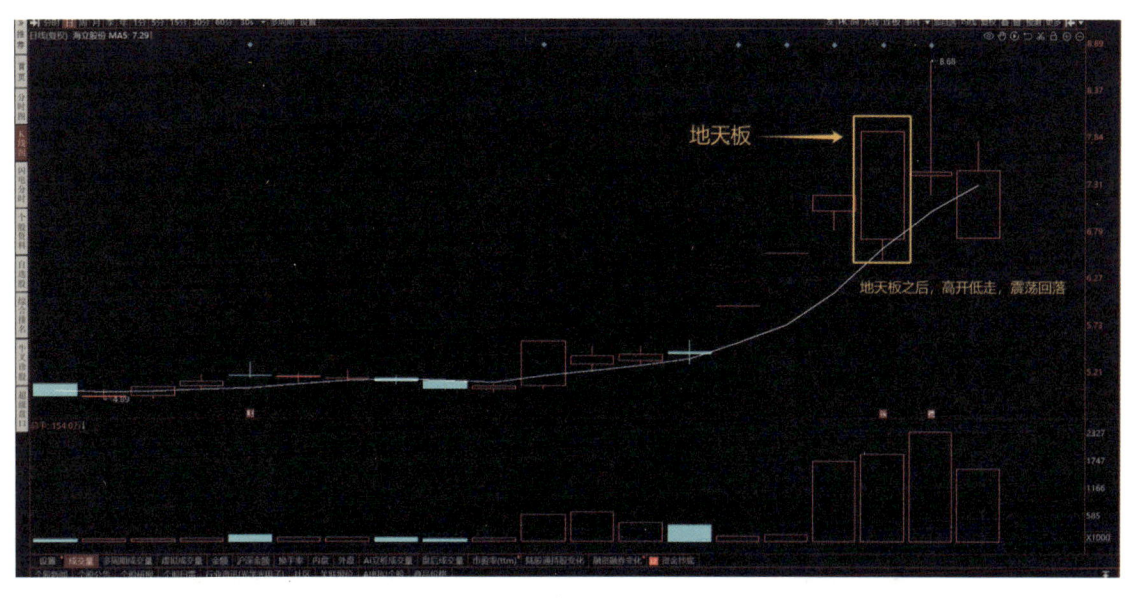

图 4-3

而对于一字板的形态之前多次讨论过，连续一字板后的开板对于个股来说是一个比较大的分歧，所以对于散户来说并不是很好的入场时机，尽可能不要在一字板开板的当天参与，要尽量在分歧转一致之后再选择入场的机会。

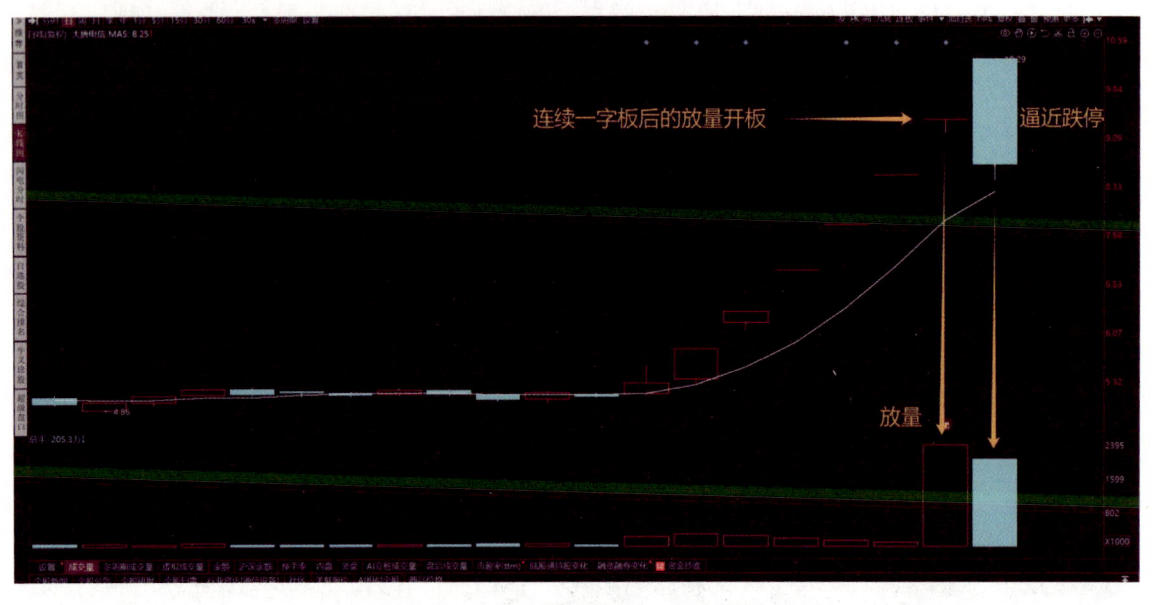

图4-4

（2）股价小于15元

股价不能太高，否则会导致拉升的资金动力不足。股价太高的话，拉升股价需要的资金量太大，出现连板龙头或是妖股的几率就会变小。所以做短线的话，尽可能的不要选择股价过高的个股。

（3）量比大于2

量比是衡量放量和缩量的核心指标，它看的并不只是当前成交量的绝对大小，而是以比值的形式呈现的相对数值。如果量比为1，则说明当前时间段的成交量和过去相比是保持不变的。量比大于1，说明当前时间段正在放量。它比单纯的成交量指标判断得更加精准。

当前的选股语句为：量比大于2。那我们需要的就是当前的成交量相较过去放大了2倍，说明成交量出现了激增，且股票达到了涨停，呈现出的就是放量涨停板。这种涨停板一般来说是市场合力所为，对于散户来讲更为友好，且受到市场的资金关注度更强。

（4）涨停封流比大于1

涨停封流比是一个新型指标，在本书中也是第一次提到。它是涨停封单额和流通市值的比值，这个比值越大，涨停连板的概率越强。

其与涨停封成比的区别是分母不同，涨停封成比的分母是成交额，涨停封流比的分母是流通市值。一般使用涨停封成比的场景会比较多，但本战法经过实盘测试，封流比的实用性会更强一些。

查看每只股票涨停封流比的方式如下：在问财中输入"股票名称或股票代码；涨停封流比"，如图4-5、图4-6所示。提醒：只有涨停的股票才具有涨停封流比这个指标，未涨停的股票无法进行搜索。

图4-5

图4-6

（5）涨停类型为放量涨停

此处是给我们的选择上一个双保险，保证当前我们选到的涨停板为放量涨停。因为连续缩量涨停的后续结果都不会特别好，这属于情绪周期的范畴尽量选择放量涨停板，然后在后续的走势中找到入场点位进行埋伏，如图4-7、图4-8所示。

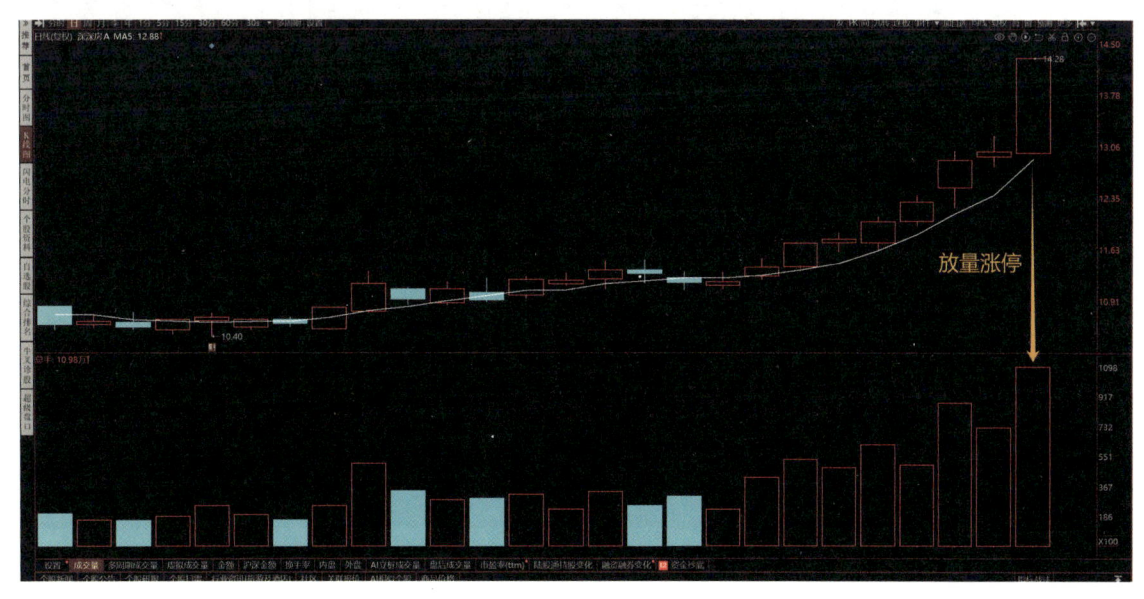

图4-7

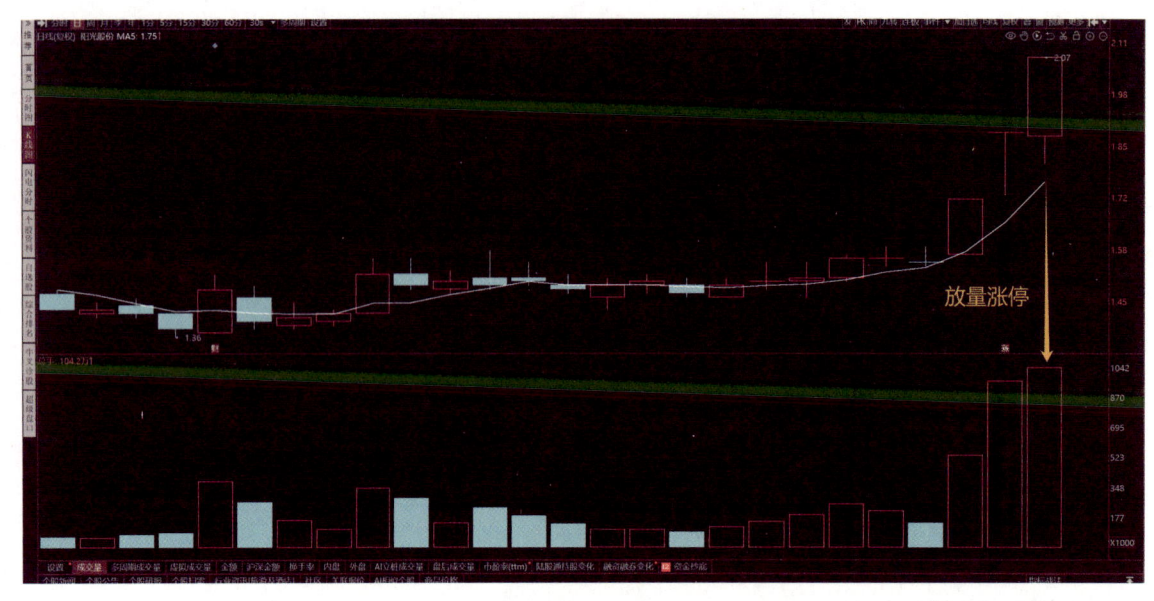

图4-8

(6) 非ST

ST类型的股票也经常会出现连板，但还是那句话，ST股无论出现什么样的表现都比较正常，但其中所存在的风险性依旧是不能避免的，所以要规避掉所有的ST股。

4. 买卖择时

(1) 尽可能避开跳空高开的涨停板，也就是与5日均线形成缺口的形态，如图4-9、图4-10所示。这种涨停板短期回落的风险会比较大，且买入的成本会比较高。

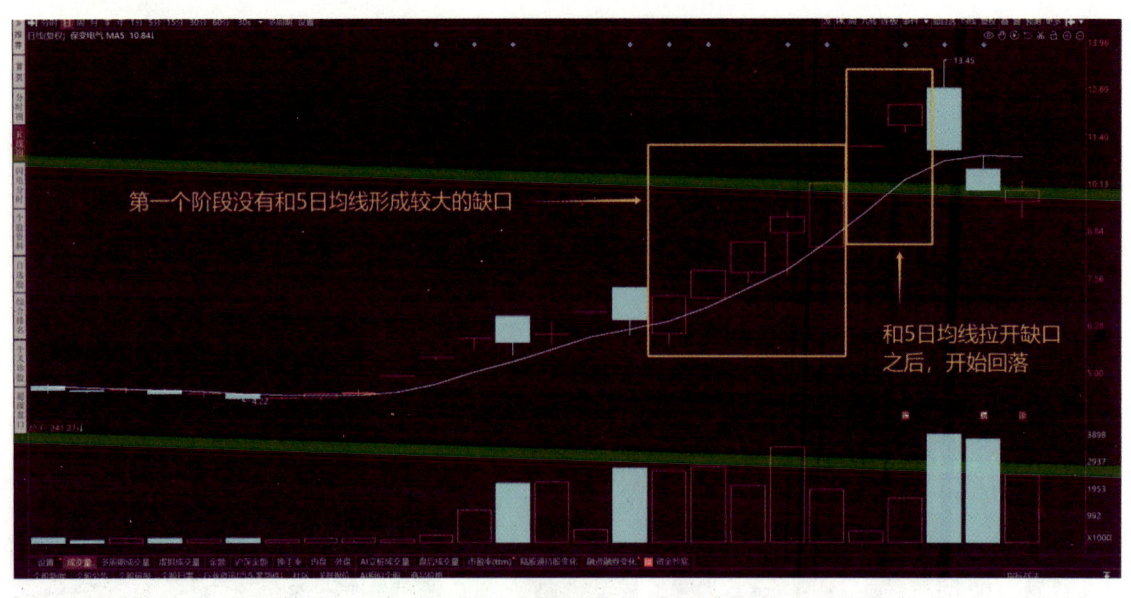

图4-9

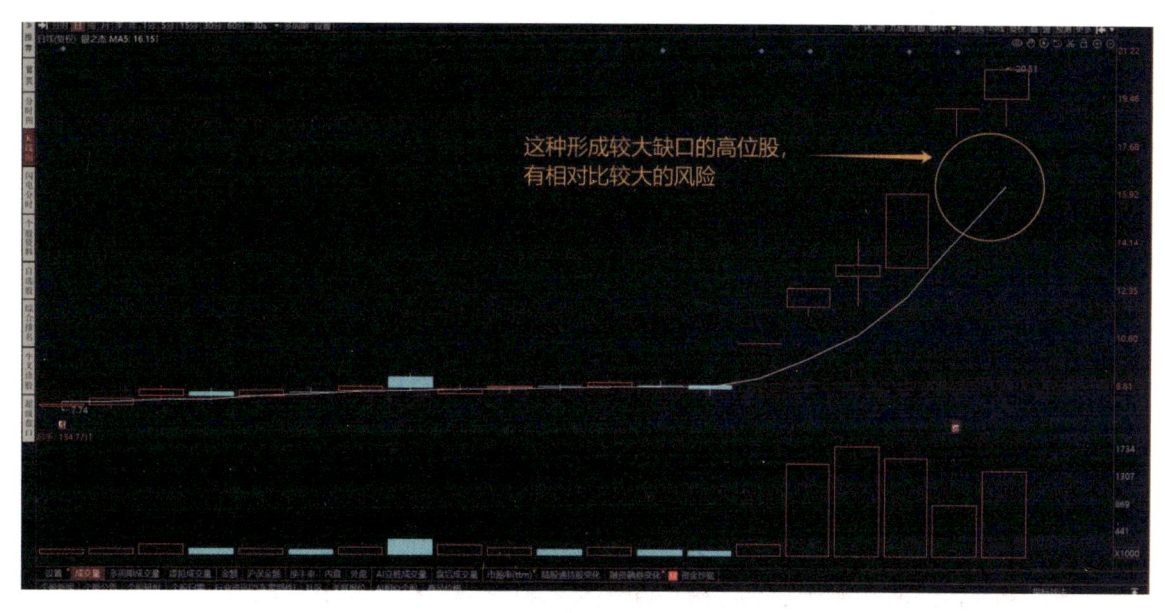

图4-10

再看图4-11，每次个股出现明显的5日均线缺口时，个股就会在短期内出现回落。

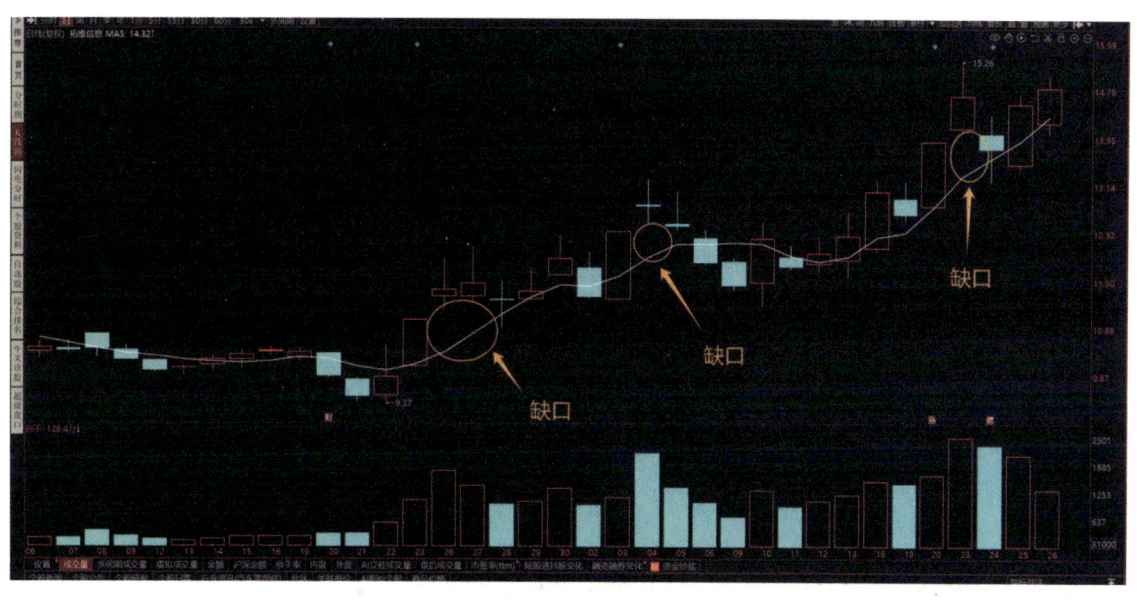

图4-11

（2）选择主线方向的个股，不要对抗市场周期。

在用语句筛选完成之后，要重点观察一下个股所在的行业和概念，一定是要符合当前市场的主线方向。因为没有主线加持的涨停板，持续性会比较弱。

不要去打一字板，这种几乎是庄家操盘的股票不太适合散户，做正常有量的板就可以。

5. 仓位控制

一般当前选出的股票都是涨停股，我们看的是第二天的连板机会，所以在仓位上有以下几个要求要注意。

（1）如果涨停板为首板，且近一个月前方没有压力位，仓位可以控制在20%左右（首板的晋级率从数据上看是较低的，所以仓位不能太重）。

（2）如果涨停板为二连板以上（包括二连板），五连板以下（不包含五连板），个股处于主线方向，仓位可以控制在30%—50%。

（3）如果涨停板为五连板以上（包含五连板），股价和5日均线之间没有缺口，且量能呈现为放量或者保持当前成交量，加之有主线行业的增持，仓位可控制在50%左右。

战法十　量能突破拉升战法

1. 战法概述

此战法是通过筛选放量突破的涨停板，来确定底部起爆的个股，并且通过均线和涨停指标的加持，得到连板概率非常高的股票。

2. 选股秘句

（1）涨停；

（2）突破压力位；

（3）放量；

（4）股价位于 5 日均线之上；

（5）涨停封成比大于 20%；

（6）非 ST；非新股。

操作方法：将"涨停；突破压力位；放量；股价位于 5 日均线之上；涨停封成比大于 20%；非 ST；非新股"输入到问财软件中，如图 4-12 所示。

图4-12

3. 操作分解

（1）涨停

尽可能选择主板的涨停板。创业板和科创板的涨幅过大，同时意味着波动也过大，所以本战法选择更适合散户，更容易判断其走势的主板。同时，大家还是要规避掉一字板、T字板、天地板和地天板这种不太符合散户投资习惯的形态。

（2）突破压力位

个股前方的压力位对于接下来的连板走势影响非常大。由于前方压力位中存在着较多的套牢盘，所以股价在涨到压力位时，突破的难度会比较大。所以我们此处要选择的是突破压力位后的股票，这样能表明资金非常强势，吃掉了上方的套牢盘，后续的上涨就不会存在很大的价格压力，如图4-13、图4-14所示。

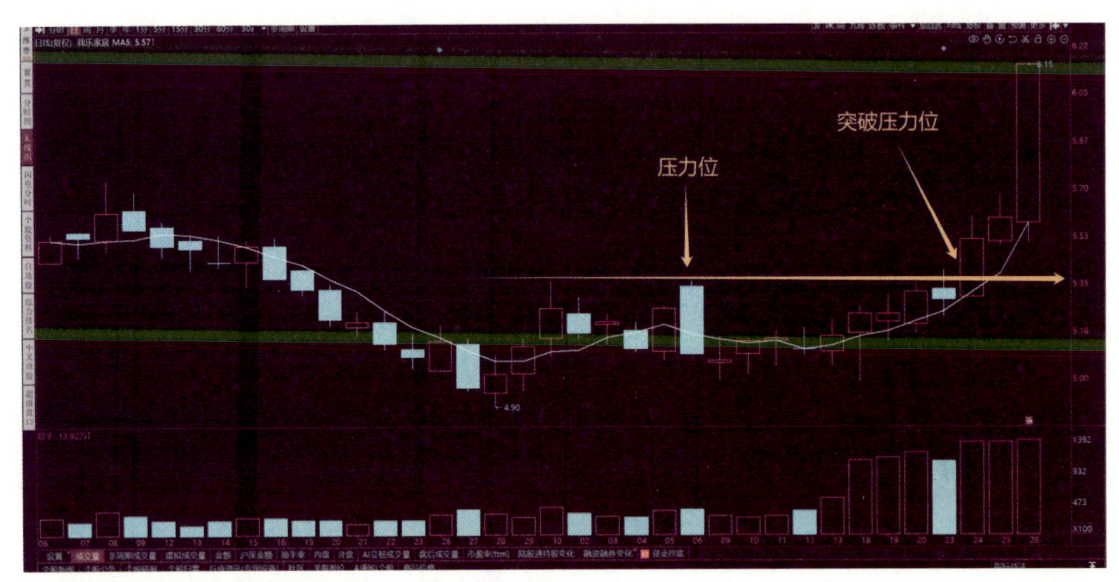

图4-13

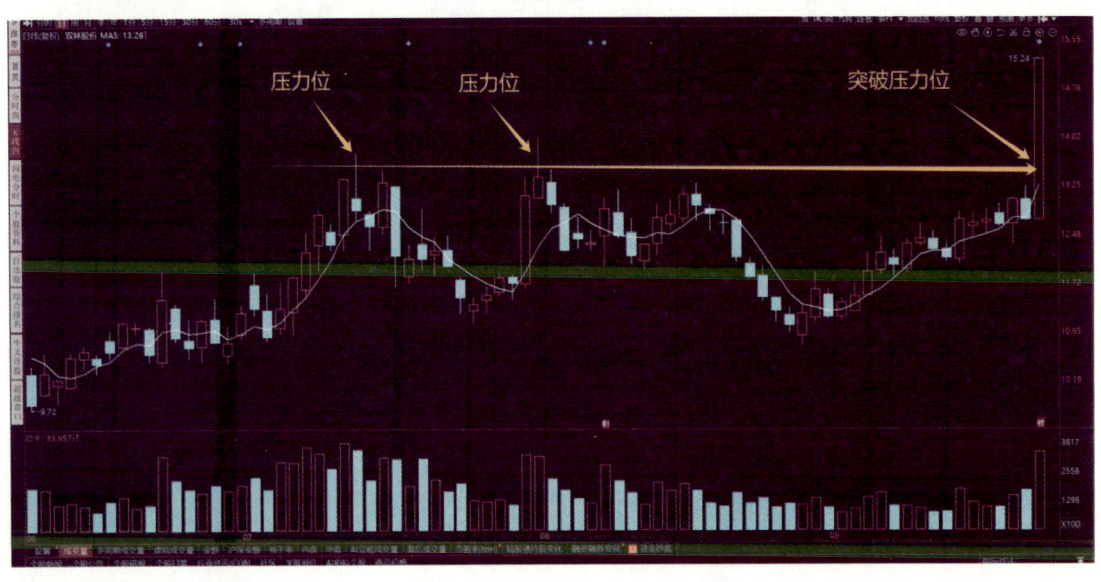

图4-14

如果个股在一个月之内出现过三连板以上（包括三连板）的形态，一定要看当前有没有突破前期的高点。因为三连板以上形成的出货阴线会产生非常强的套牢盘，会对后续个股的涨势产生比较大的阻碍，如图4-15所示。

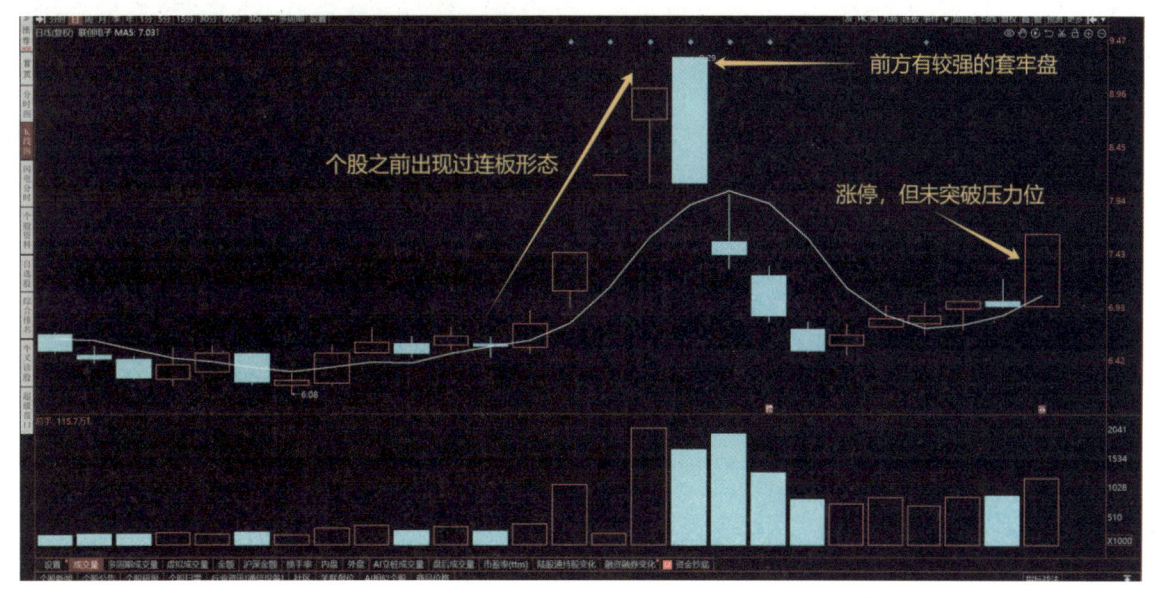

图4-15

（3）放量

个股在突破压力位的时候，一定要带量突破，这样形成的合力持续性才会更强。缩量涨停要么是庄家锁仓，要么是趋势即将见顶。所以，缩量突破压力位的涨停板在第二天的资金动能会相对不足，多数会在接下来的一到两个交易日晋级失败，所以要选择放量突破的涨停板。

（4）股价位于5日均线之上

强股不破5日线，当前选到的股票均是爆发性比较强的个股，而且我们看重的是其后续的连板走势。所以5日均线是一个绝对不能逾越的鸿沟，一旦涨停板站不上5日均线（很少有这种情况），或者在后续的趋势中跌破5日均线，那这只股票都不再是一个比较好的标的。所以在筛选强势个股的时候，大多数语句中都带有不能跌破5日均线这样的筛选条件。

（5）涨停封成比大于20%

对于涨停封成比这个指标，我们在之前的内容当中提到过，它主要用来衡量个股的封单强度。这个数值越大，说明当前涨停板的封单强度越高，越能促进其后续的涨势。

（6）非ST；非新股

ST的股票风险高，我们要去掉；新股的走势波动非常大，也不太适合我们当前的战法，所以也要去掉。

4. 买卖择时

（1）如图4-16所示的这只股票，处于一个长期下行趋势，虽然在下跌的过程中，也有阶段性的反

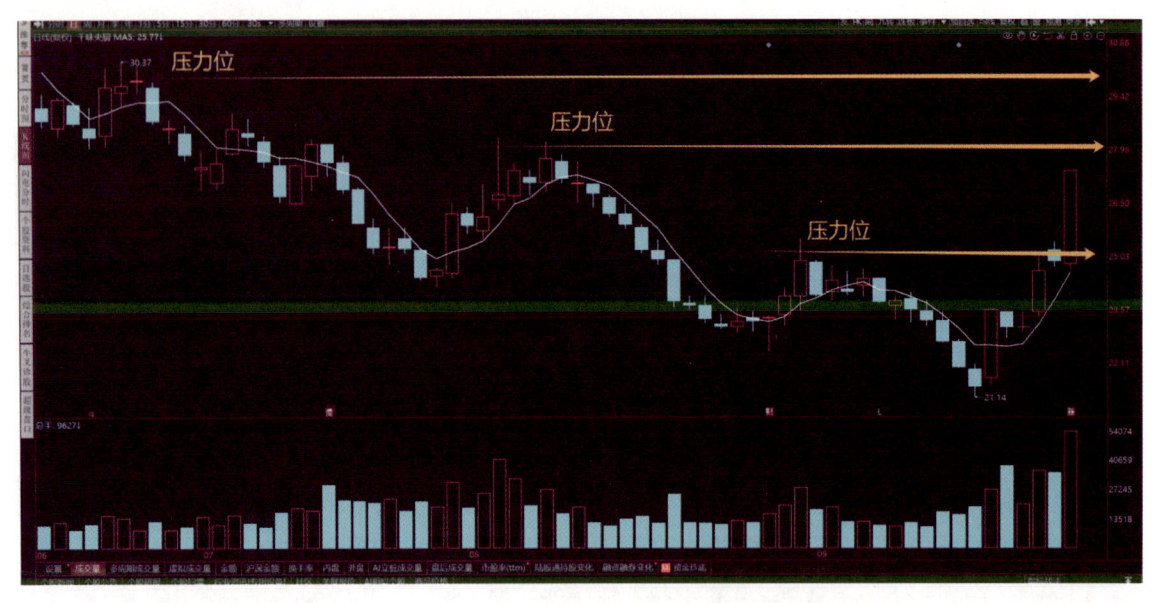

弹，但每一次的反弹都会形成一个新的压力位，在压力位上自然也就存在着一些套牢盘。

图4-16

所以未来的每一次反弹，只要涨到了最近套牢盘的位置，就要随时做好减仓的准备，只要开始反向朝下走，就一定要注意风险；相反，每一次对套牢盘，也就是压力位的突破，都是一个比较好的建仓或者加仓的位置，如图4-17所示。

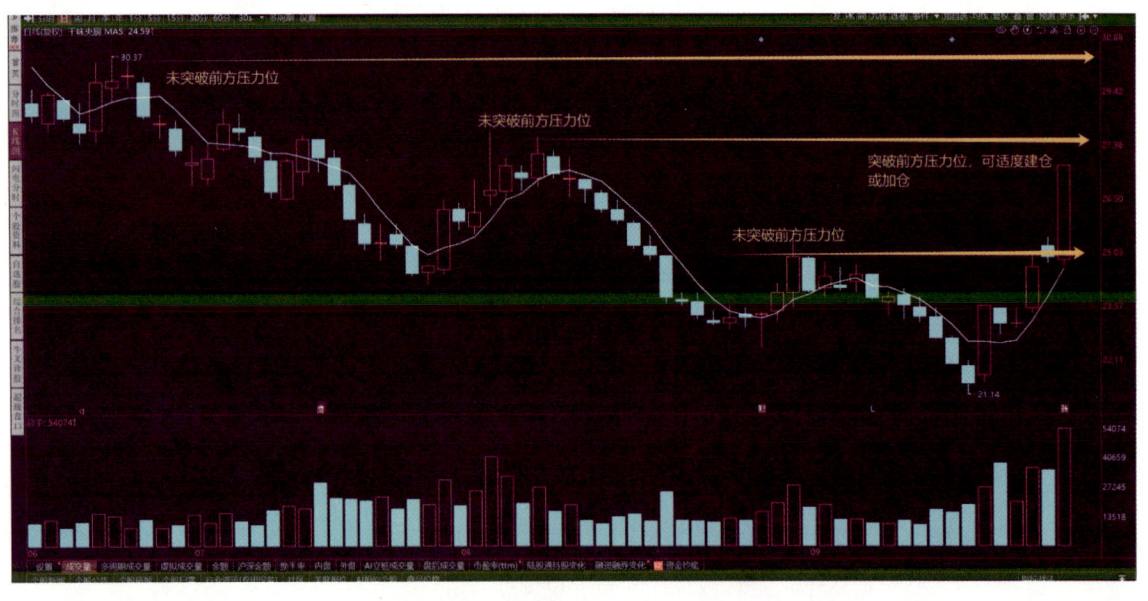

图4-17

（2）对于图4-18所示的这种形态，前方没有明显的压力位和套牢盘，而且并不是跳空高开，和5日均线没有明显的缺口，出现的涨停板为放量涨停，且近两周的量能都呈现阶梯状的上升。第二天如果没有大幅高开5个点之上（形成较大缺口），就是比较合适的建仓点。

在判断股票买卖点的时候，不要用感觉和情绪去判断是应该买入还是应该卖出，一定要有非常科学的方法和依据，比如跳空高开后次日回落，或者跌破5日均线等信号，都是卖出的标志。

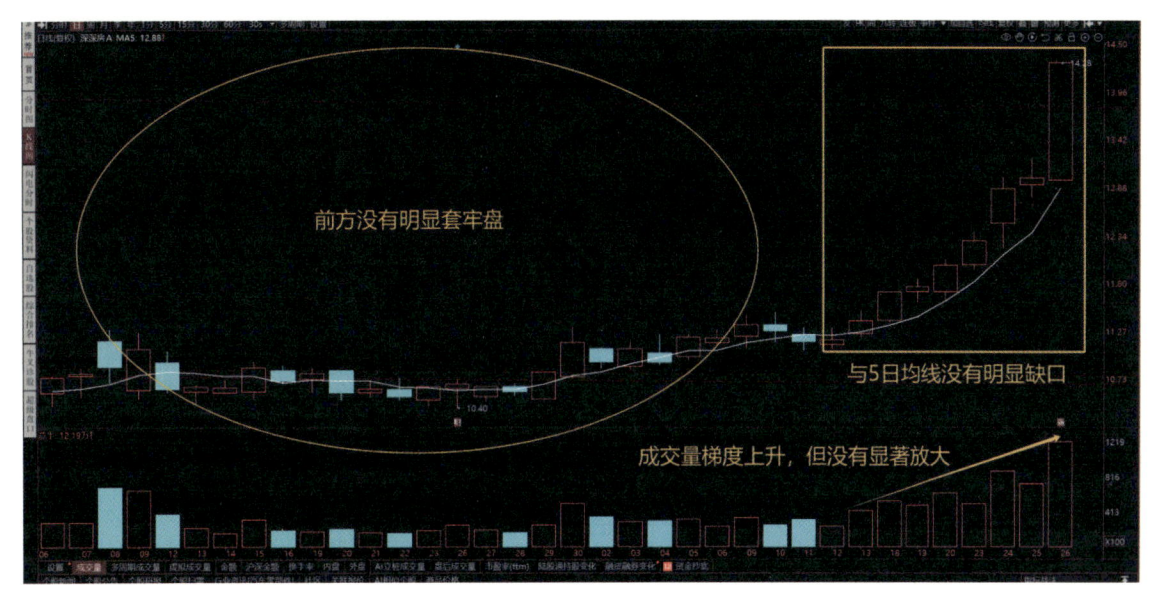

图4-18

5. 仓位控制

此处仓位控制应考虑市场成交量，根据市场成交量来确定当前的仓位情况。

（1）当市场成交额小于6000亿时，仓位应控制在10%左右。

（2）当市场成交额在6000亿到8000亿之间时，仓位应控制在20%—30%。

（3）当市场成交额在8000亿到10000亿之间时，仓位应控制在30%—50%。

（4）当市场成交额在10000亿之上时，仓位应控制在50%以上。

战法十一　天量人气爆破战法

1. 战法概述

此战法的核心主要是成交额。因为成交额意味着资金和人气，选出市场中成交额排名靠前的股票，并结合短线牛股的必备条件，最终选出人气高、爆发力强、主力控盘力度好，且出货风险小的个股。

2. 选股秘句

（1）成交额排名前 10 名；

（2）涨停；

（3）筹码集中度小于 15%；

（4）换手率小于 40%；

（5）突破近一月新高；

（6）非 ST。

操作方法：将"成交额排名前 10 名；涨停；筹码集中度小于 15%；换手率小于 40%；突破近一月新高；非 ST"输入到问财软件中，会选出 10 只股票，如图 4-19 所示。

图4-19

3. 操作分解

（1）成交额排名前10名

选择市场中成交额最大且满足牛股条件的10只股票。由于市场的成交额是有限的，那我们就要观察哪些股票最吸金，哪些股票的活跃程度最高，所以要找到市场中成交额排名靠前的股票。因为这些股票不仅聚集了资金和活跃度，更聚集了人气以及市场短期的走向。

如果想找到市场中成交额最大的10只股票，只需要单独输入"成交额排名前10名"这一句话就可以，如图4-20所示。

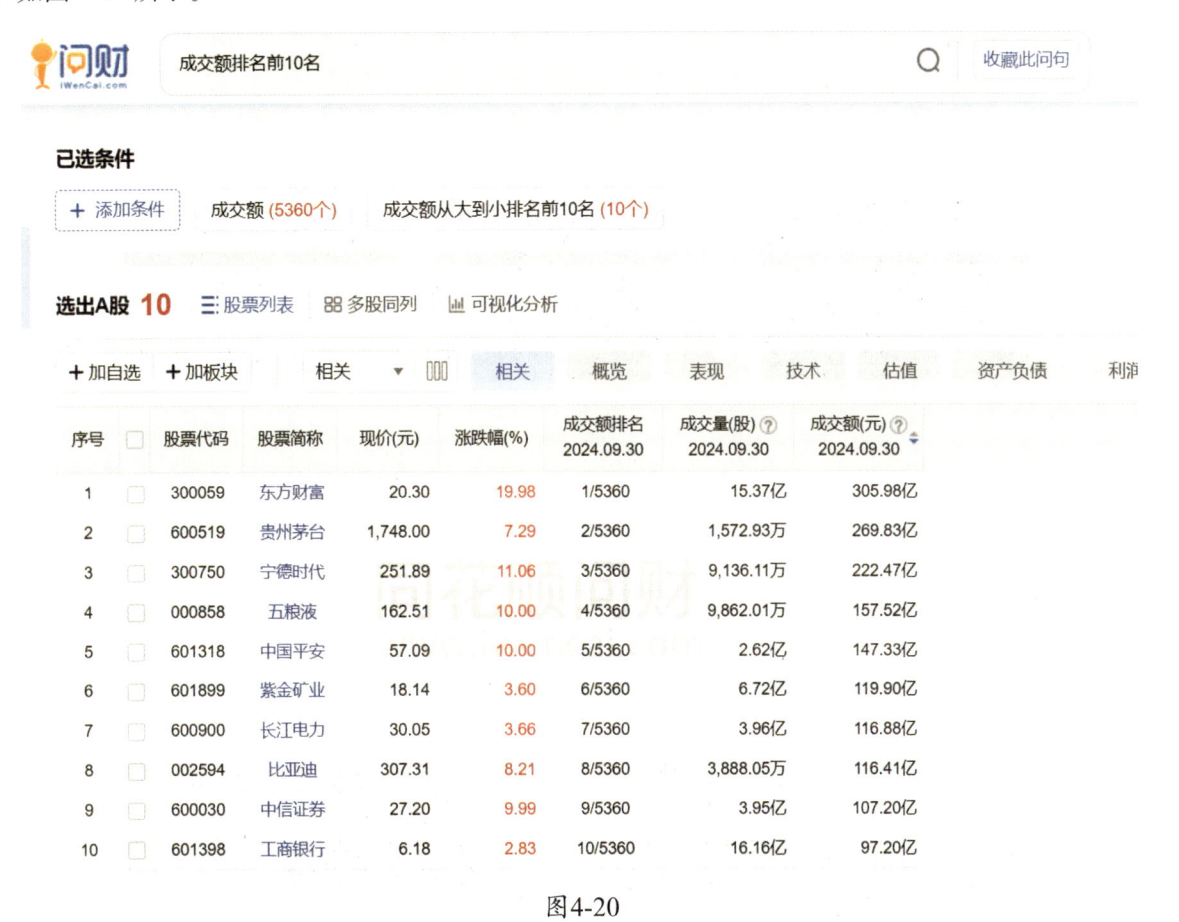

序号	股票代码	股票简称	现价(元)	涨跌幅(%)	成交额排名 2024.09.30	成交量(股) 2024.09.30	成交额(元) 2024.09.30
1	300059	东方财富	20.30	19.98	1/5360	15.37亿	305.98亿
2	600519	贵州茅台	1,748.00	7.29	2/5360	1,572.93万	269.83亿
3	300750	宁德时代	251.89	11.06	3/5360	9,136.11万	222.47亿
4	000858	五粮液	162.51	10.00	4/5360	9,862.01万	157.52亿
5	601318	中国平安	57.09	10.00	5/5360	2.62亿	147.33亿
6	601899	紫金矿业	18.14	3.60	6/5360	6.72亿	119.90亿
7	600900	长江电力	30.05	3.66	7/5360	3.96亿	116.88亿
8	002594	比亚迪	307.31	8.21	8/5360	3,888.05万	116.41亿
9	600030	中信证券	27.20	9.99	9/5360	3.95亿	107.20亿
10	601398	工商银行	6.18	2.83	10/5360	16.16亿	97.20亿

图4-20

但只有成交额还远远达不到我们选股的要求，还需要以下几个条件，才能成为短期有足够爆发力的牛股。

（2）涨停

此处的涨停股包含主板、创业板和科创板的股票。由于本战法的核心元素是成交额，所以不限制涨停板的高度，无论是10%还是20%的涨停，此战法都能包含在内，包容性比较强，可以在全市场范围内定位合适的牛股，如图4-21所示。

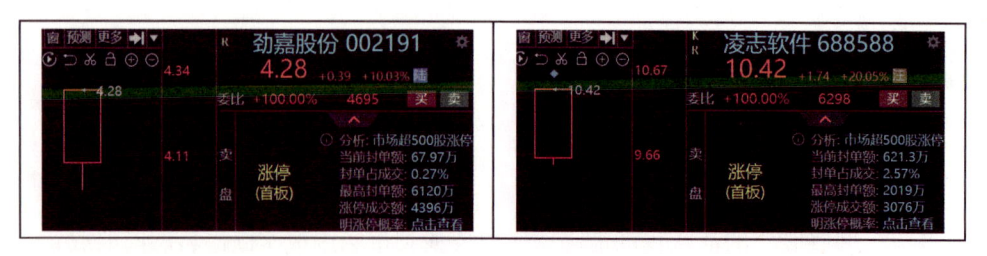

图4-21

（3）筹码集中度小于15%

筹码集中度的数值越低，代表筹码越集中，个股有主力控盘的概率就越大，未来持续上涨的概率越强。所以我们需要把筹码集中度的数值控制在一个比较低的范围内，保证当前个股动能比较足，出货的概率较小，如图4-22所示。

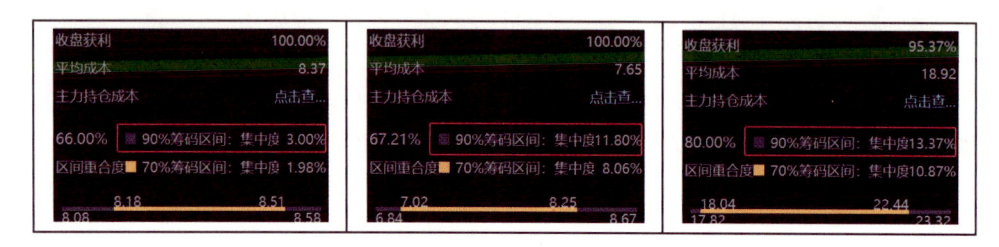

图4-22

（4）换手率小于40%

成交额过大容易引发的一个问题就是过高的换手率，因为过高的换手率会导致庄家对倒出货的概率增加，进而闷杀散户的筹码。所以我们在此要对换手率进行一个限制，避免上述情况的发生。

图4-23中的股票虽然涨停，但过高的换手率还是要注意一些风险。

图4-23

图4-24中的两张图换手率比较合适，低换手的涨停板封板的力度更强，散户应尽量将一个低换手率的涨停板作为自己的首选。

图4-24

（5）突破近一月新高

压力位和套牢盘一直都是我们考虑比较多的问题。如果不是超级牛市的话，股票前期的高点一直都是一个比较难逾越的大山，所以我们需要当前的涨停板已经吃掉了近一个月的套牢盘，也就是突破了近一个月的新高，如图4-25、图4-26所示。

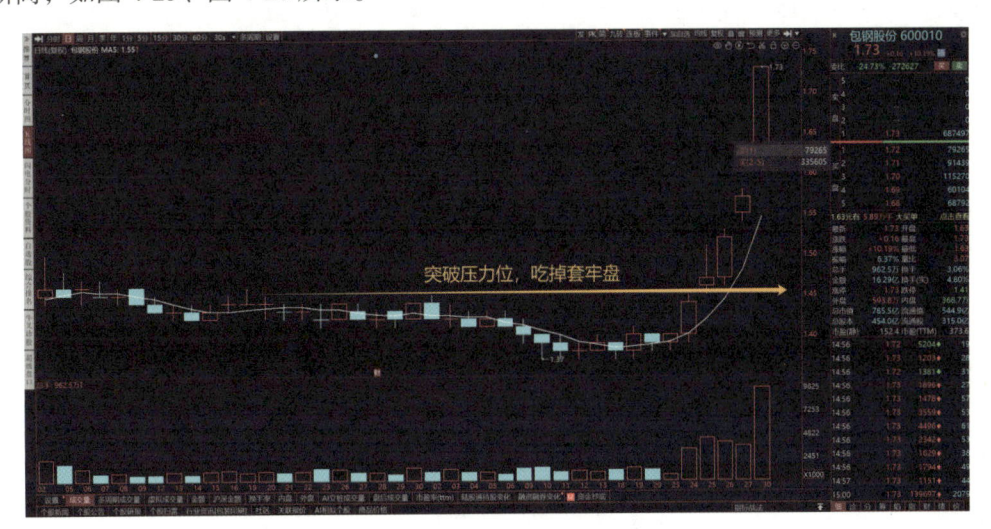

图4-25

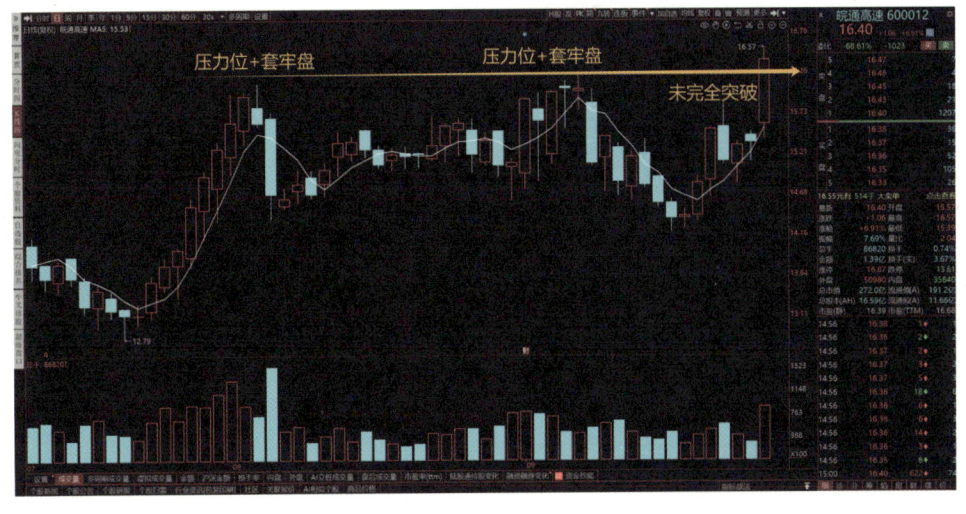

图4-26

（6）非ST

ST类的股票风险比较高，此处不作选择。

4. 买卖择时

关于妖股的买卖点，我们可以通过以下几个案例来进行讨论。

（1）个股突破前方压力位且成功实现反包，个股当前处于市场主线，即为比较强势的买入点，如图4-27、图4-28所示。

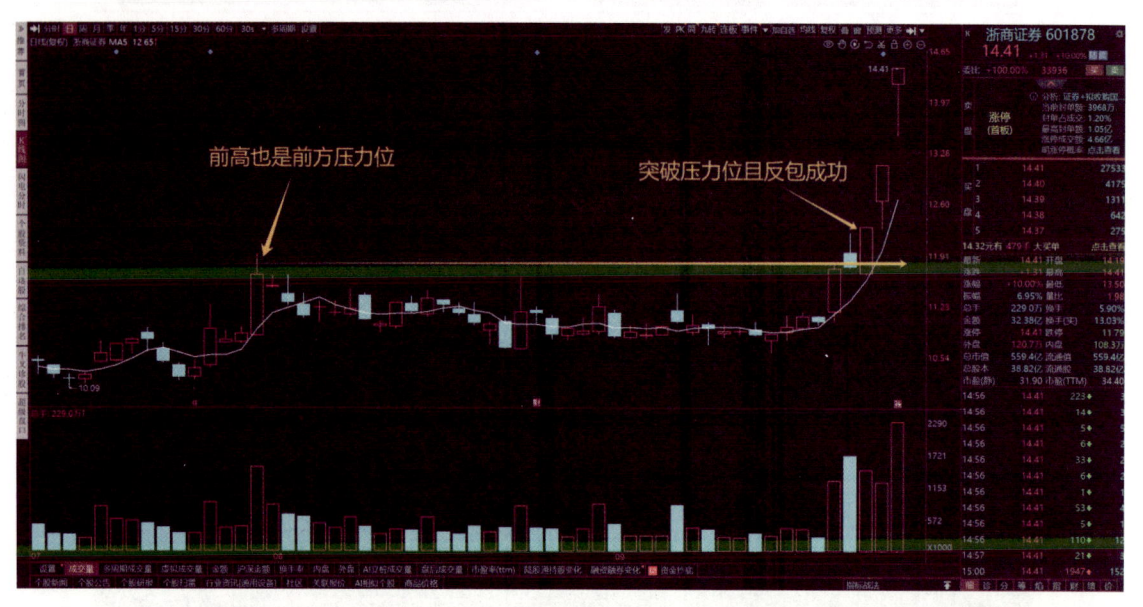

图4-27

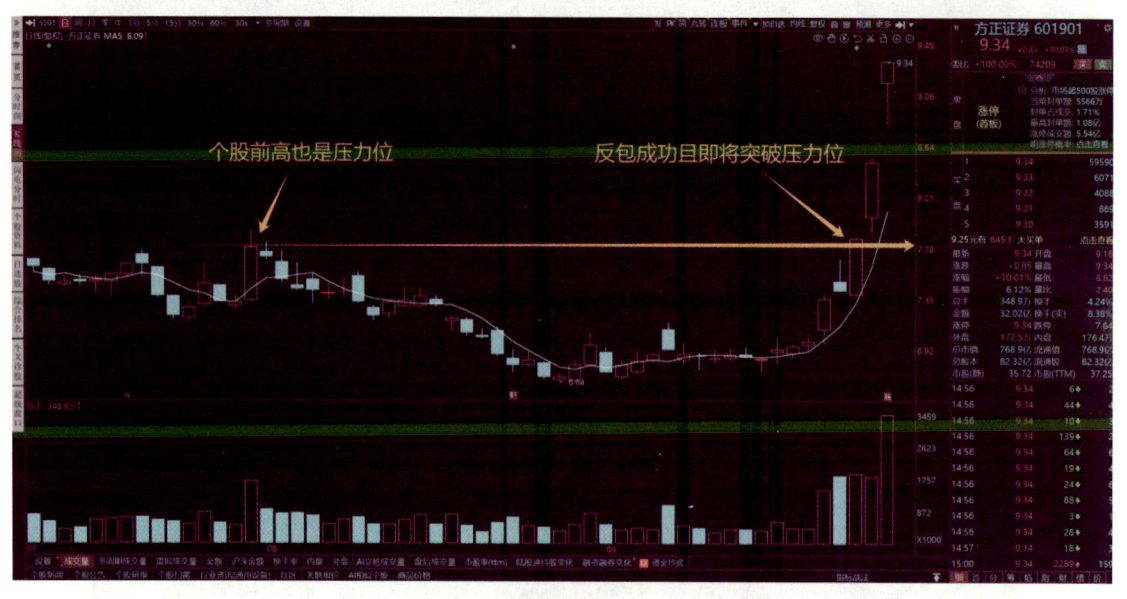

图4-28

（2）个股出现放量阴线或者天量阴线，则为妖股的卖出点，如图4-29所示。

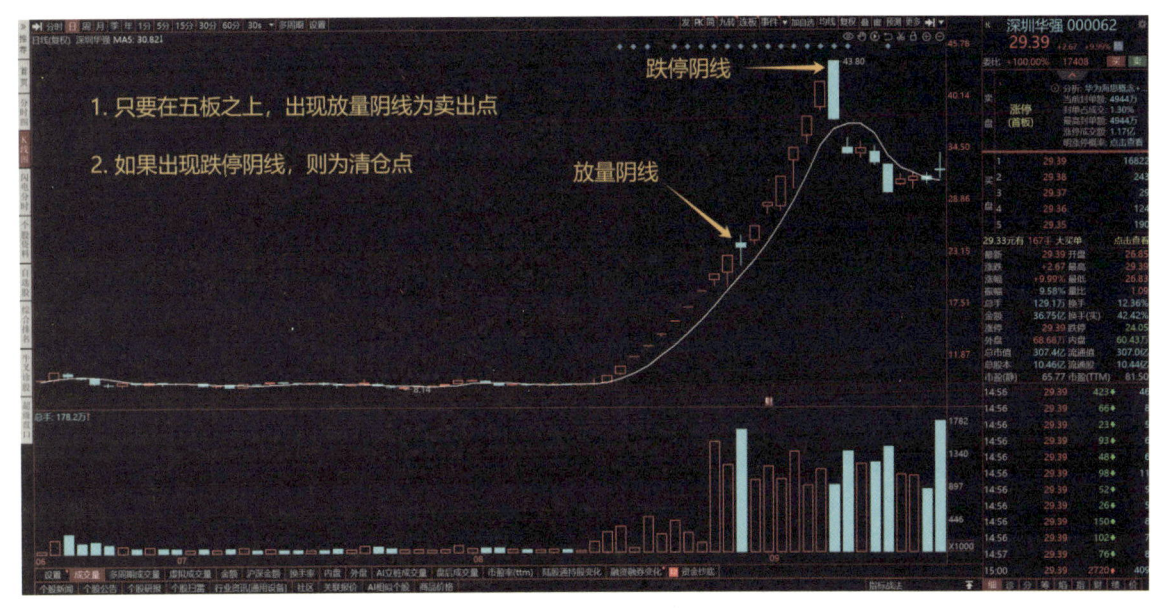

图4-29

（3）个股盘中出现断板，则要看第二天是否会形成反包，如果反包成功则可继续持股或者重新入场；如果出现放量阴线，依然要直接清仓，如图4-30所示。

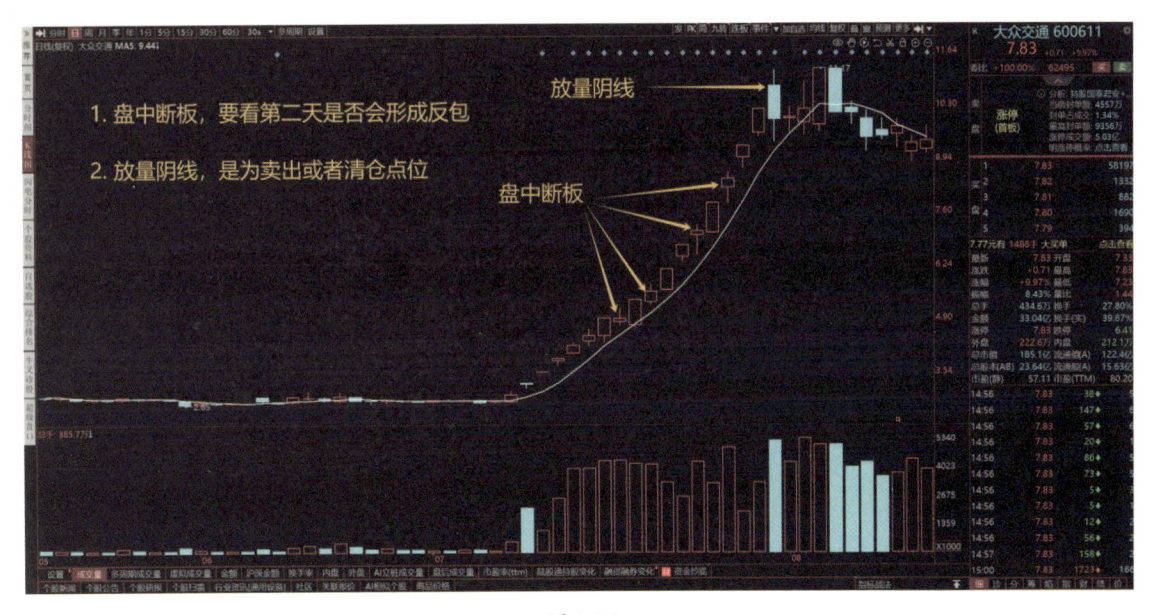

图4-30

5. 仓位控制

此战法选出的个股均是当前市场中成交额比较大的股票，而且多数股票价格较高，所以当前的仓位不宜过重。因为当个股的价格和市值较高的时候，即使是小的股价波动带来的盈亏都会比较大，过重的仓位会对散户的买卖情绪产生比较大的影响。

所以用此战法选出的个股仓位控制在20%—50%比较好，不宜太轻，也不宜过重。

超级妖股篇

战法十二　六式真龙化妖战法

1. 战法概述

此战法主要通过 6 个核心条件，选出市场中的强势妖股。由于妖股是由龙头演变而来，所以有几个条件和筛选龙头时所用的比较相似，但都根据妖股的特征作出了改动，在龙头化妖的关键节点筛选出散户可以把握住的市场强势妖股，且对妖股的买卖位置进行了详细的实操指导。

2. 选股秘句

（1）强势妖股；
（2）筹码集中度小于 20%；
（3）股价突破近三月新高；
（4）主板；
（5）近一周无跌停；
（6）行业。

操作方法：将"强势妖股；筹码集中度小于 20%；股价突破近三月新高；主板；近一周无跌停；行业"输入到问财软件中，如图 5-1 所示。

图 5-1

3. 操作分解

（1）强势妖股

"强势妖股"是问财专有的一个词汇，它能够筛选出具备妖股特征的一系列股票。可以帮助投资者用一种高效的方法筛选出当前市场中爆发力比较强且属于市场主线的股票。

（2）筹码集中度小于20%

简单来说，筹码集中度是衡量主力当前是惜筹拉升还是见顶出货的一个指标。如果主力当前处于惜筹状态，那就说明它对于当前股票的未来依然有着上涨的预期，所以会珍惜自己手中的筹码，不会随意出手，那当前的筹码集中度就会比较高，相应筹码集中度的数值就会比较小。如果主力认为当前股价已经见顶，那就会想办法出售自己手中的筹码。虽然有的时候我们看到的股价处在一个上涨的趋势中，但很多情况都是拉高出货的状态，也就是边拉升边出货，一般出售的筹码都会被高位进来的散户接盘。但我们依然可以通过筹码这个指标来判断当前的主力是否在出货，因为筹码是完全没办法骗人的，所以就会通过筹码集中度的数值来判断主力的状态。如果见顶的话，筹码集中度就会较小，相应的数值就会变大，此时的筹码比较分散，出货概率较大，不适宜散户进场。

（3）股价突破近三月新高

此处依然是要考虑到一个前方压力位的问题，但相较之前的条件，此处突破前方新高压力位的时间段为三个月，相对会比较长。因为对于个股本身来说，想要成为妖股，那就必须要有比较"妖"的能力，除了本身一定要具备的主线、涨停、筹码集中等特征，也要吃掉过去尽可能长时间的压力位，所以此处选择突破近三个月的新高，如图5-2所示。

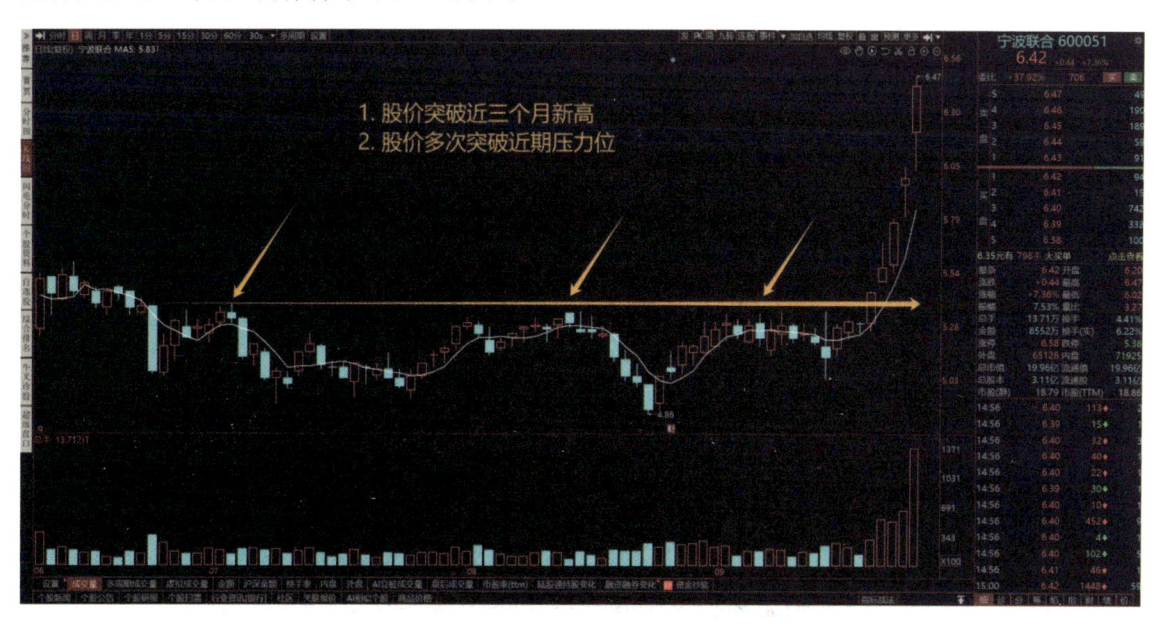

图5-2

（4）主板

创业板和科创板并不是妖股的温床。第一，创业板和科创板的波动较大，20%的涨停板对于资金的需求也比较高；第二，满足创业板和科创板的条件的人数较少，所以引发的市场合力较小，不利于妖股的形成。

（5）近一周无跌停

妖股无论是启动期还是上升期都不应该有跌停的存在，因为跌停太伤人气和情绪，对于妖股这种非常需要人气的形态来说非常不友好，所以我们要一定要规避近期产生过跌停的股票，如图5-3所示。

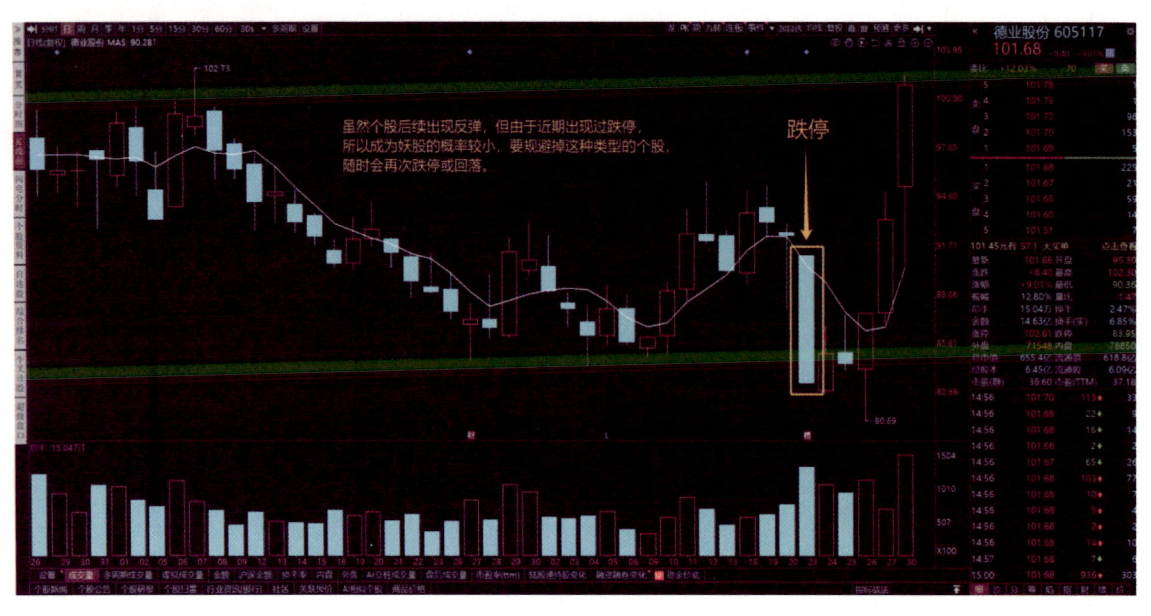

图5-3

（6）行业

妖股在99%的情况下，一定是在主线中诞生，所以捉妖股的第一步是要观察市场中有无主线。如果当前市场没有主线的话，那出现妖股的概率会非常小；如果有主线的话，那一定要在对应的概念或行业当中"捉妖"。因为妖股最看重的是人气，而真正能把人气带来的，就只有热门主线。

找热门主线的方法在本书的第一个模块中讲到过，大家可以认真地再去研读一下。锁定精准的主线，是寻找妖股的前提。

4. 买卖择时

利用此战法筛选出的股票，在判断是否能进场时，要注重看近期的分时图走势。因为分时图的形态能充分展示主力进攻的意愿。

（1）分时开盘上攻，且一直维持在分时均线之上，如图5-4所示，此为较强的分时状态，代表主力进攻意愿强烈，是比较好的买入点。

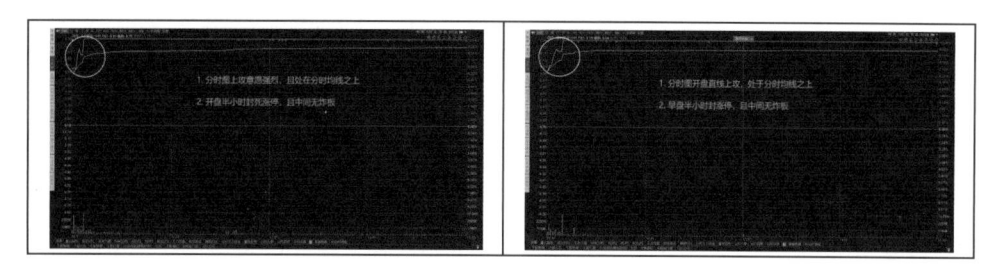

图5-4

（2）分时在盘中出现剧烈震荡，且封涨停时间过晚，如图5-5所示，说明主力进攻意愿不强，此时不适合买入，注意出货风险。

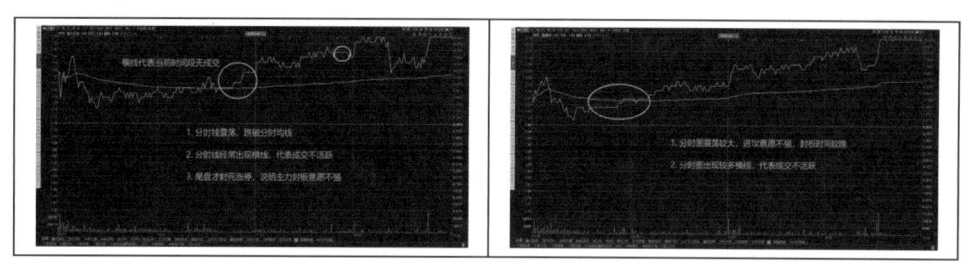

图5-5

5. 仓位控制

（1）如果当前市场的主线梯队较为完整，说明当前主线的持续性较强，相应的妖股的后续状态也会比较好。此时的仓位可以重一些，在50%—70%之间。

主线梯队：一个市场主线通常不只有一只股票涨得好，而是会有多个连板股票。比如当前的主线是半导体概念。如果要保持主线梯队的完整性，那一板的位置、二板的位置、三板的位置、四板的位置、五板的位置都要有相应的半导体概念股，然后由一个最高板，可能是八板或者九板，作为领涨妖股，这才算是相对完整的主线梯队。如果当前的主线只有一只股票涨得好，比如只有一个八板的个股，其低位连板股并不存在（一板到五板的股票），此时的主线梯队就不完整。

（2）如果当前市场的主线梯队不完整，只有一只股票领涨于整个板块或者整个市场，说明当前主线的梯队完整性不是特别好，持续性也会受到影响。此时的仓位不能过重，通常在在50%以下，最好控制在30%以下，并且遇到断板或者跌停一定要及时的离场。

战法十三　红柱爆量涨停战法

1. 战法概述

当前战法以市场人气为核心，选择市场中人气高的个股进行筛选，并且利用MACD红绿柱的特点，选出其中主力资金大举进攻的标的，并结合妖股的核心要点，最终选出市场主线中爆发力超强的龙头，也就是潜力妖股。

2. 选股秘句

（1）人气排行榜前20名；

（2）主板；

（3）涨停；

（4）非一字板；

（5）放量；

（6）突破近一月新高；

（7）MACD红柱增加；

（8）股价小于20元。

操作方法：将"人气排行榜前20名；主板；涨停；非一字板；放量；突破近一月新高；MACD红柱增加；股价小于20元"输入到问财软件中，如图5-6所示。

图 5-6

3. 操作分解

（1）人气排行榜前 20 名

妖股的出现必定是市场共同的选择，只有市场的合力才能使得股票达到现象级的涨幅，而人气的聚集就是市场合力诞生的核心。所以此战法以人气排行榜为切入点，辅助核心的利涨条件，选出市场中的核心潜力妖股。

（2）主板

和上一个战法相同，此战法只适合主板中的个股，创业板和科创板的股票波动比较大，且满足两个板块条件的散户比较少，难以形成妖股所必需的市场合力。

（3）涨停

妖股的爆发点都是涨停板，没有连续涨停板的股票无法成为妖股，所以我们选择的时候以涨停为核心，找到出现涨停的股票，从中去选择具备最大妖股潜力的标的。

（4）非一字板

妖股在上涨的过程中也会出现一字板甚至是连续的一字板，这也代表市场对于当前股票的认可程度非常高，才会出现连续封死一字涨停的情况。

但是，当前股票若处于一字涨停，散户进场的机会很小，进场的风险也很大。唯一可以做的就是通过打板的操作买入，这样做会非常容易成为个股的最后一棒，也就是接盘侠。

所以此处我们去掉当前处于一字板状态的个股，并不是否定妖股中一字板的存在，而是这种股票不适合散户入场参与，风险较高，如图 5-7 所示。

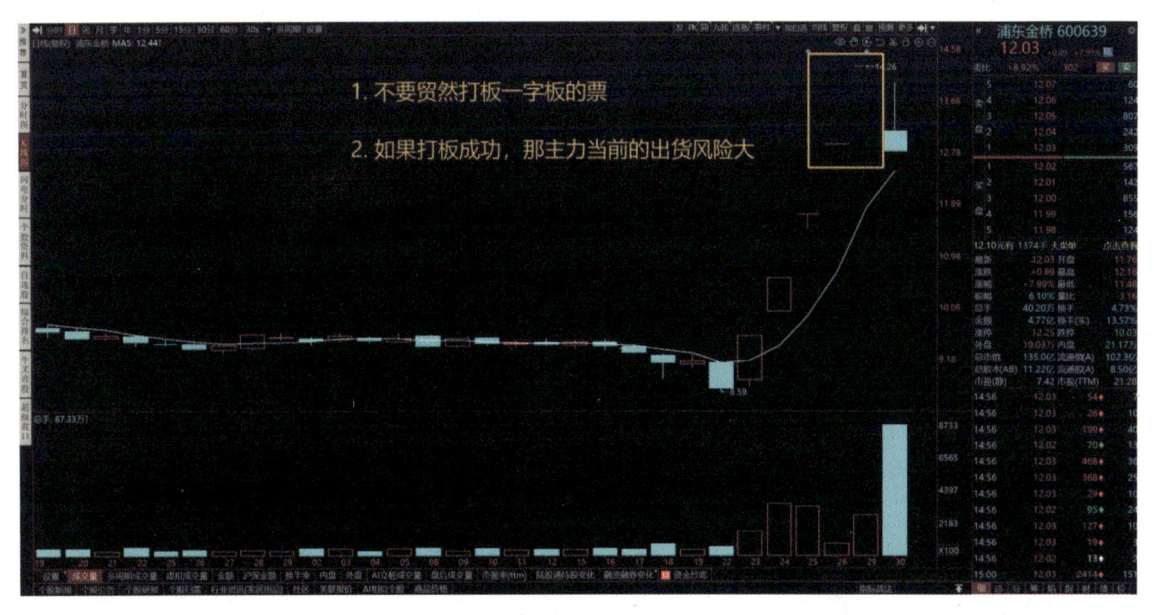

图 5-7

（5）放量

如果当前的涨停板处于缩量状态，那大家入场一定要谨慎。

如果个股处于前三板，缩量状态下的个股无法带来有效的市场合力；如果个股处于六板以上，个股出现连续缩量，那见顶的风险就会增加，因为大多数妖股的见顶都是在后期极致缩量加速之后。

选择放量状态下的涨停板，第一，进场的位置会相对安全；第二，市场的合力会比较充足；第三，见顶的风险会比较小，如图5-8所示。

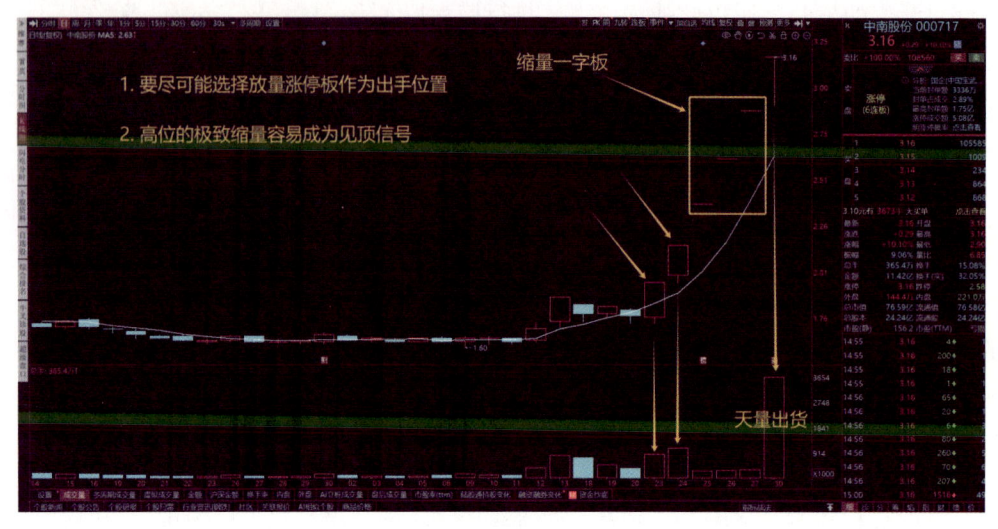

图5-8

（6）突破近一月新高

个股突破前方压力位是一个必备的条件，只是在不同的战法环境中，对前方压力位的时间段有着不同的要求。本战法要求的时间为一个月，也就是近一个月内，个股前方不能有压力位和高位套牢盘。

（7）MACD红柱增加

MACD的红绿柱分别代表的是多空双方的强弱。如果K线对应的是红柱，那说明当前多方力量较强；反之，如果K线对应的是绿柱，说明当前空方力量较强。

而且，我们选择的股票所对应的红柱是处于不断增加的状态，这说明当前多方的力量越来越强，个股上涨的持续性也越来越强，如图5-9所示。

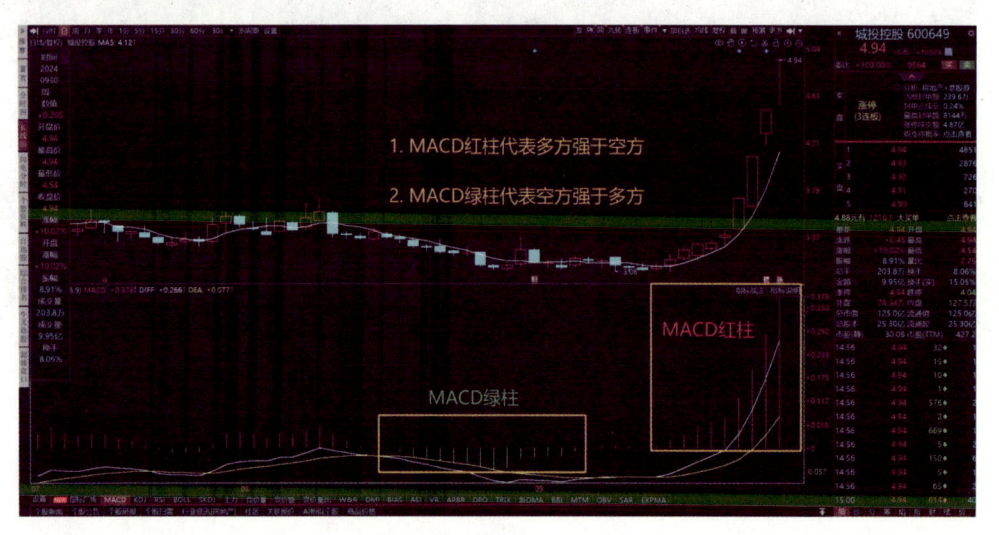

图5-9

投资者一定要注意 MACD 绿柱刚刚转变为红柱的时间节点，这说明空方的力量已经耗尽，多方开始占据主动优势，此时为个股由跌转涨的关键信号，如图 5-10 所示。

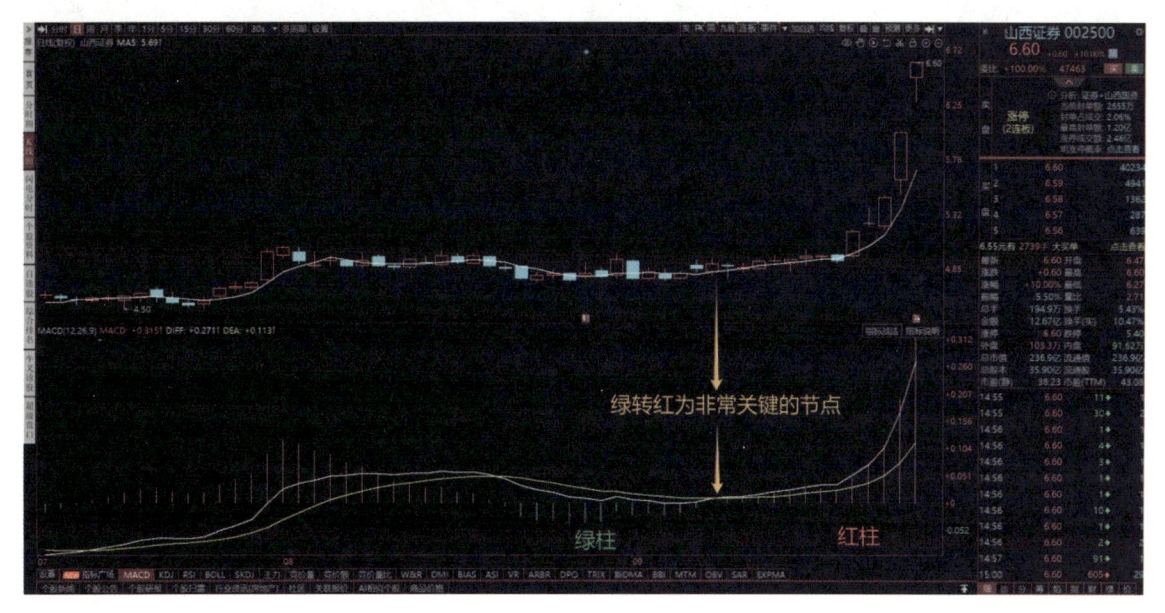

图 5-10

（8）股价小于 20 元

妖股需要连续的涨停板作为支撑，而连续涨停板需要大量的资金作为支撑。大多数资金不会选择高股价或者高市值的股票进攻，因为其需要的资金量比较庞大，很难持续性地进行下去。如果后续的资金流入量不足，就会导致股价上攻无力，无法成为市场的妖股。

所以我们选择妖股的标的时不能选择价格太高的股票，这样无法吸收到足够多的资金，也就没有办法形成较大的市场合力，妖股的诞生就会比较困难。

4. 买卖择时

（1）选择在红柱不断放大时或绿柱转红柱时进行买入，如图 5-11、图 5-12 所示。

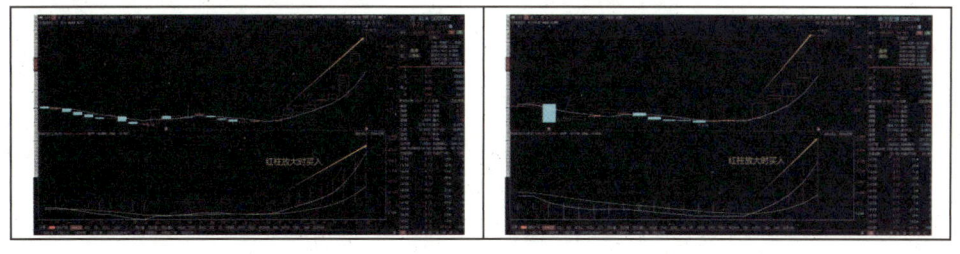

图 5-11

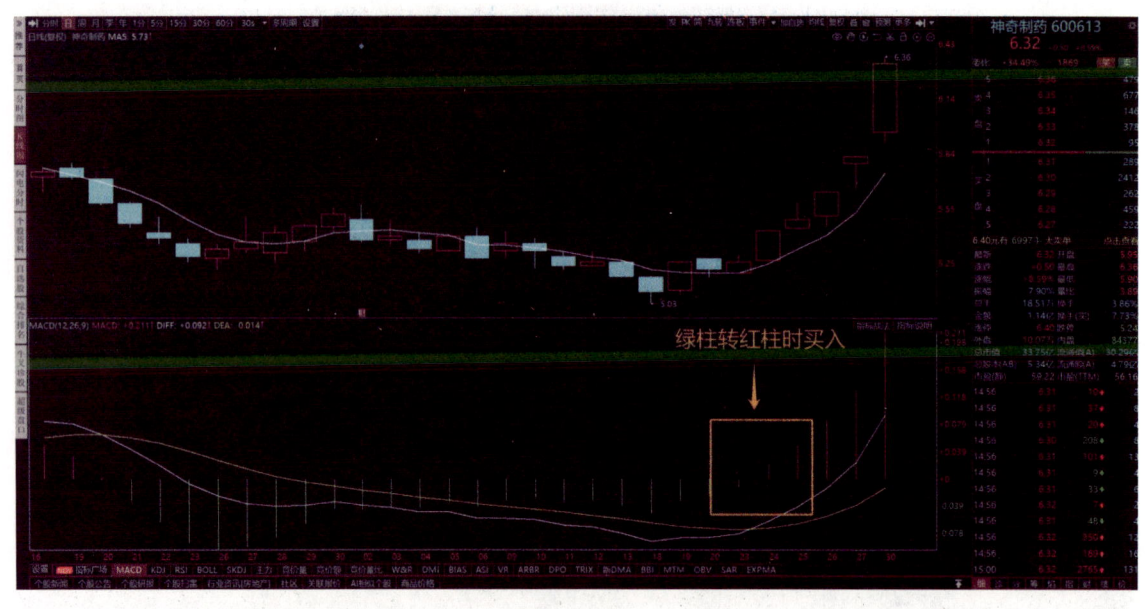

图5-12

（2）选择在红柱缩小和红柱转成绿柱的时候进行卖出，如图5-13、图5-14所示。

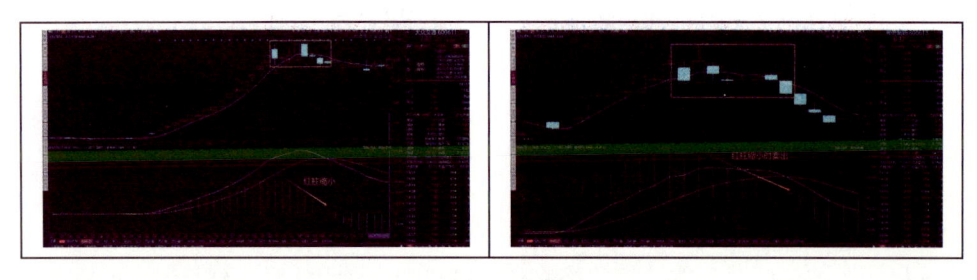

图5-13

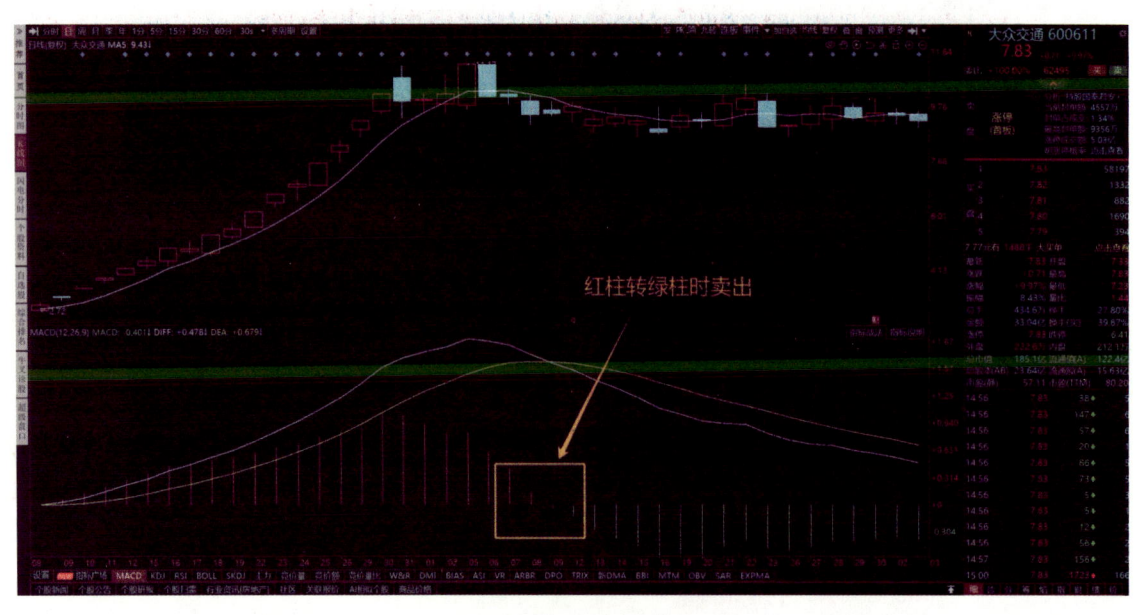

图5-14

5. 仓位控制

（1）当前个股处于三连板以内，属于主线方向，且涨停板为放量板，MACD 红柱大幅增加，仓位可以控制在 50%—60%。

（2）当前个股处于三连板以上五连板以下，属于主线方向，且涨停板为放量板，MACD 红柱大幅增加，仓位可以控制在 30%—50%。

（3）当前个股处于五连板以上，属于主线方向，且涨停板为放量板，MACD 红柱大幅增加，仓位可以控制在 30% 以下，高位不宜仓位过重。

战法十四 连阳突破擒妖战法

1. 战法概述

本战法的核心在于"突破"。在个股突破几个关键位置后，会形成强势的暴涨形态。辅以其他的强股指标，可以得出市场中处在暴涨初期的核心龙头。如果当前市场中存在热门主线，那龙头化妖的概率也会大幅度增加。

2. 选股秘句

（1）突破颈线；

（2）突破近一个月新高；

（3）放量；

（4）阳线连续往上攻；

（5）换手率大于5%；

（6）外盘大于内盘；

（7）非ST。

操作方法：将"突破颈线；突破近一个月新高；放量；阳线连续往上攻；换手率大于5%；外盘大于内盘；非ST"输入到问财软件中，如图5-15所示。

图5-15

3. 操作分解

（1）突破颈线

颈线指的是价格波动趋势线上的关键位置。通过连接最后两个拐头向下的高点，可以做出一条平缓的趋势线，称为颈线，也是个股非常关键的压力位，如图 5-16 所示。突破此压力位对于个股短期的上升趋势有着非常强的促进作用，如图 5-17 所示。

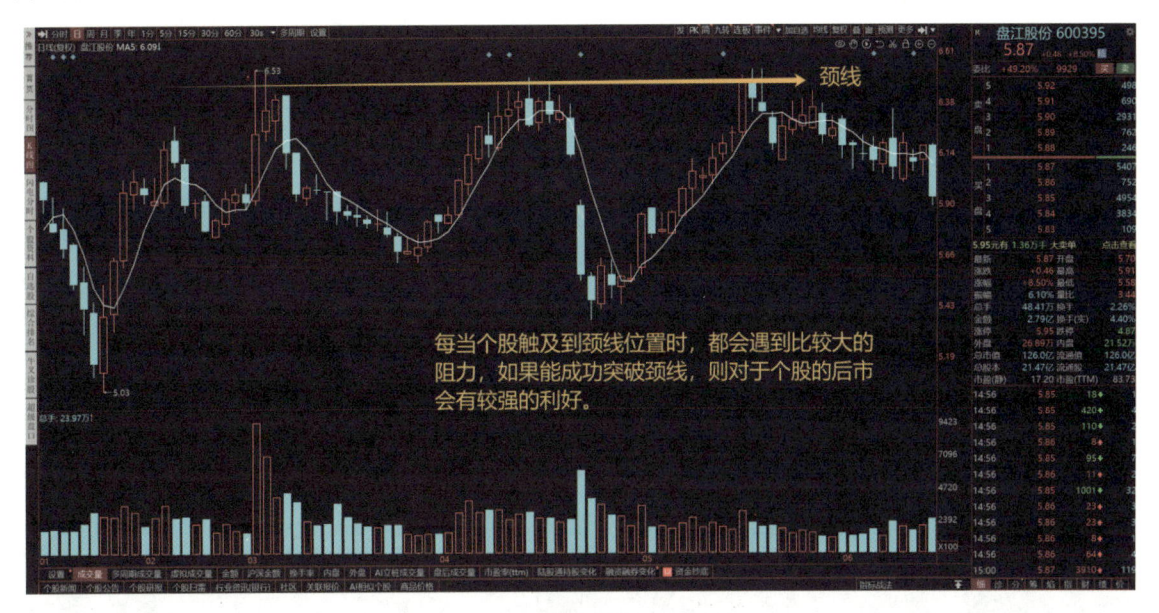

图 5-16

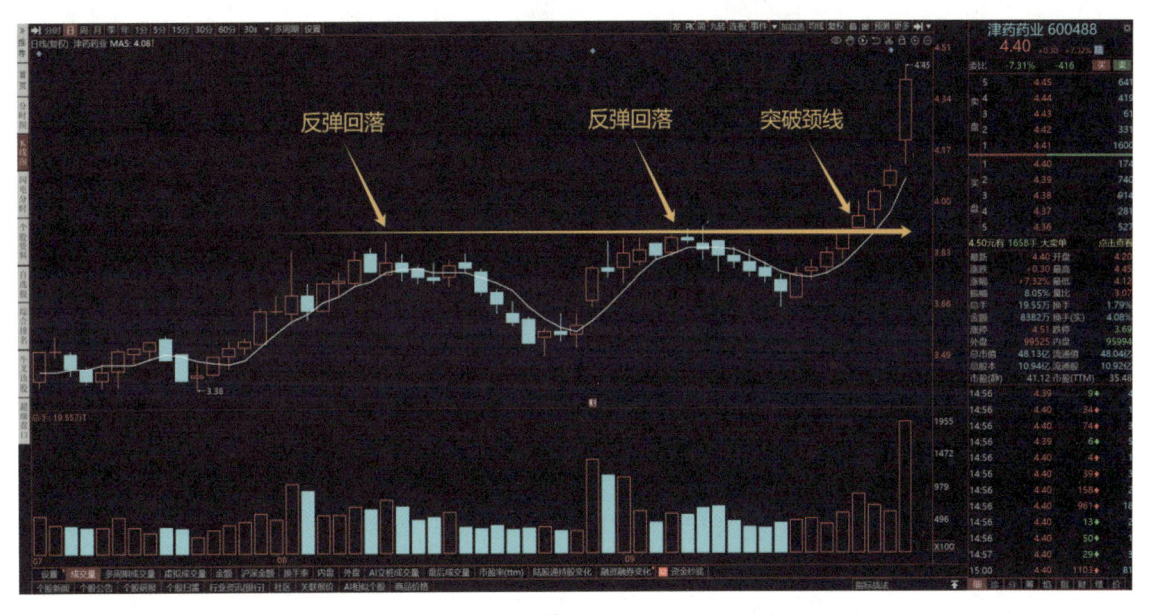

图 5-17

（2）突破近一个月新高

此条件为个股的有效突破上了一个双保险。不仅要突破前期一直未能突破的反弹高点，而且近一个月前方不能有压力位和套牢盘，这样才能保证个股在短期之内可以畅通无阻，为后续的涨势打开上涨空间。

（3）放量

在突破的时候，个股要带量突破，这样才能保证资金的充足，股价未来的持续性才会更好，所以在此我们加入一个放量的条件，保证量价齐升。选出股票之后，要观察股票是否站上了 5 日均线，这也是强势股票的一个标志,强股不破 5 日线。

(4)阳线连续往上攻

这个条件的加入,是要保证个股会至少连续三天出现上攻阳线,这样的个股受到主力资金关注的概率会非常大。并且,三根阳线都要在 5 日均线之上运行,不能是假阳线,最好都是 3% 之上的阳线,如图 5-18、图 5-19 所示。

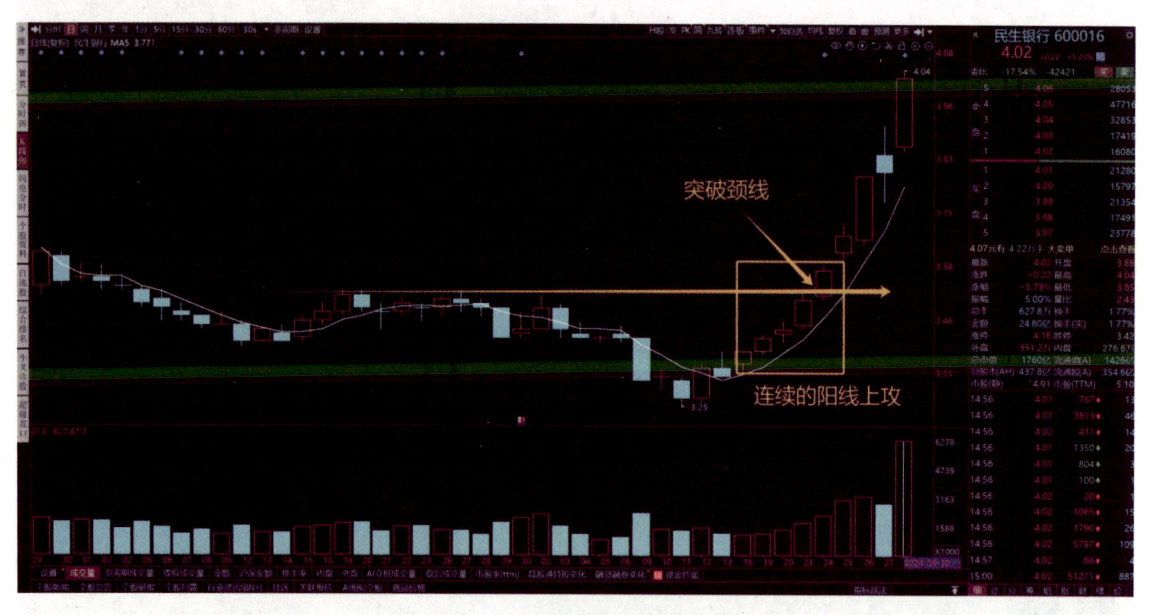

图5-18

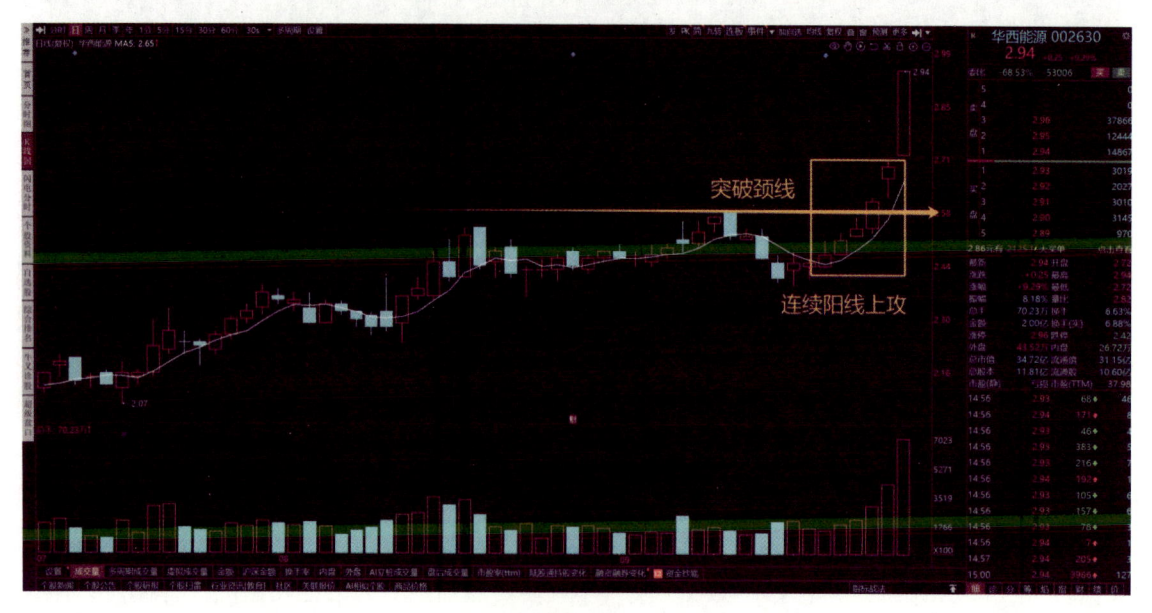

图5-19

(5)换手率大于 5%

换手率代表的是个股的活跃度,活跃度太高或者太低对于个股来说都不是好事情。

活跃度太高,换手率就高,庄家恶意操盘以及见顶的风险就比较大。活跃度太低,换手率就低,个股受到的关注度就会比较少，资金的流入会受到比较大的影响，无法形成所需要的市场合力，生成妖股的概率也就非常低。所以在此我们要保证个股的活跃度满足基本的要求，不能过低。当然，大家在选出股票之后，也要规避一下换手率在40%以上的个股。

所以此处的条件也可以修正为"换手率大于5%小于40%"，大家可以灵活运用。

（6）外盘大于内盘

外盘：以卖出价成交的股票会进入到外盘，说明当前的买盘比较积极。

内盘：以买入价成交的股票会进入到内盘，说明当前的卖盘比较积极。

所以当外盘大于内盘的时候，说明当前的买入力量大于当前的卖出力量，属于多方占据优势的形态，个股的上涨形态会更强。

图 5-20

（7）非 ST

ST 股的风险比较高，我们依然要在这个战法当中进行规避，不做选择。

4. 买卖择时

（1）个股放量突破颈线，尤其是以涨停板形态突破颈线时，说明当前的突破形态较强，且非常果断，大概率有主力参与，所以突破颈线的当天为比较好的入场点，如图5-21、图5-22所示。

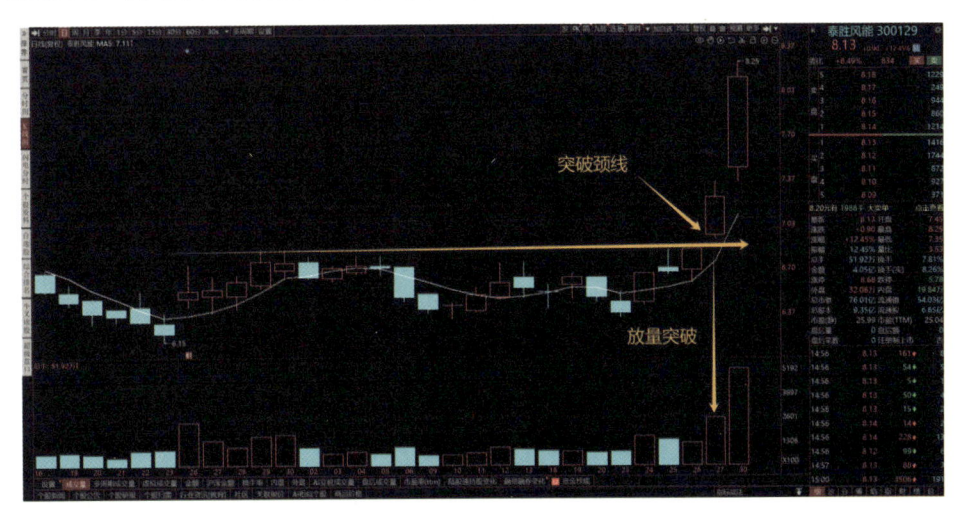

图 5-21

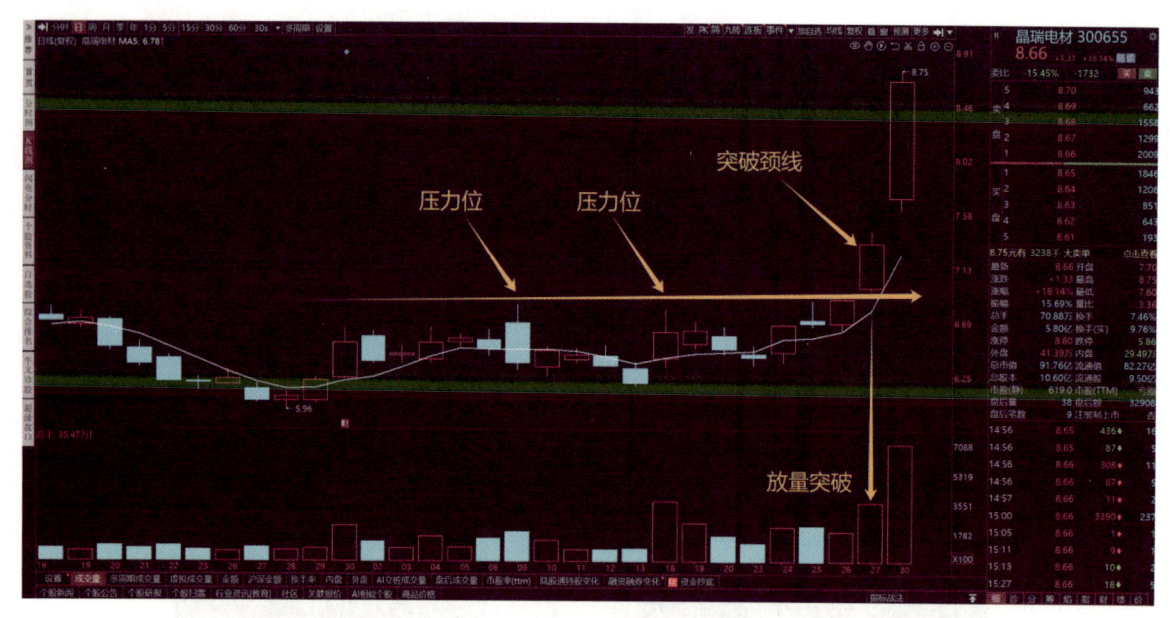

图 5-22

（2）个股的卖出点分为三个。

第一：回调到颈线之下，一定要清仓，属于跌破重要位置。

第二：跌破 5 日均线，第二天上午没有反包迹象，卖出。

第三：如果是连续涨停板，顶部出现放量阴线或者出现跌停；卖出。

5. 仓位控制

（1）如果个股当天突破，说明处于上涨初期，此时仓位可以控制在 30%—50%。

（2）如果突破后，涨幅超过 30%，此时仓位控制在 30% 左右，避免追高。

（3）如果突破后，涨幅超过 50%，此时仓位控制在 20% 左右，避免回落。

龙虎万相篇

战法十五　龙虎资金封神战法

1. 战法概述

此战法以龙虎榜为核心，筛选机构和庄家重仓且资金集中的个股。龙虎榜作为市场核心股的聚集地，任何龙头基本上都会在龙虎榜上出现。但榜单当中的个股当然也是有好有坏，所以需要加入一些核心条件，优中选优，帮助大家选出龙虎榜中的强势标的。

2. 选股秘句

（1）龙虎榜资金净流入前10；

（2）dde 大单为正；

（3）涨停；

（4）涨停时间；

（5）行业；

（6）非新股；非 ST。

操作方法：将"龙虎榜资金净流入前10；dde 大单为正；涨停；涨停时间；行业；非新股；非 ST"输入到问财软件中，如图 6-1、图 6-2 所示。

图6-1

龙虎万相篇

| | 问财 | 龙虎榜资金净流入前10；dde大单为正；涨停；涨停时间；行业；非新股；非ST | | 收藏此 |

已选条件

+ 添加条件　　营业部净额合计 (5360个)　　营业部净额合计从大到小排名前10 (10个)　　营业部净额合计大于0 (32个)

选出A股 **10**　☰ 股票列表　▦ 多股同列　📊 可视化分析

＋加自选　＋加板块　　相关 ▼　　░░░　　相关　　概览　　表现　　技术　　估值　　资产负t

序号		股票代码	股票简称	现价(元)	所属同花顺行业	涨停 2024.09.30	涨跌幅(%)
1	☐	300015	爱尔眼科	15.91	医药生物-医疗服务-医院	涨停	19.98
2	☐	300014	亿纬锂能	48.78	电力设备-电池-锂电池	涨停	20.00
3	☐	301236	软通动力	51.52	计算机-IT服务-IT服务Ⅲ	涨停	20.01
4	☐	001339	智微智能	36.01	计算机-计算机设备-其他计算机设备	涨停	9.99
5	☐	301586	佳力奇	49.33	国防军工-军工装备-航空装备	涨停	20.00
6	☐	301571	国科天成	44.90	国防军工-军工电子-军工电子Ⅲ	涨停	19.99
7	☐	603091	众鑫股份	43.10	轻工制造-家居用品-其他家居用品	涨停	10.01
8	☐	603207	小方制药	26.31	医药生物-化学药-化学制剂	涨停	9.99
9	☐	688590	新致软件	14.44	计算机-软件开发-垂直应用软件	涨停	20.03
10	☐	600318	新力金融	8.40	非银金融-多元金融-多元金融Ⅲ	涨停	9.95

图 6-2

3. 操作分解

（1）龙虎榜资金净流入前10

龙虎榜资金净流入金额 = 营业部买入金额 － 营业部卖出金额

龙虎榜中的资金不仅代表着市场中的合力资金，更代表着各路游资和机构的资金。这里注重的并不是单纯的买入或者卖出，看的是最终的资金净量。所以排名前十的资金净量标的聚集了市场中主要游资和机构的方向，选出的股票具有非常强的爆发力，也代表着主力资金短期的进攻路线。

序号		股票代码	股票简称	现价(元)	涨跌幅(%)	营业部净额合计排名	营业部买入金额合计(元)	营业部卖出金额合计(元)	营业部净额合计(元)
1	☐	300015	爱尔眼科	15.91	19.98	1/5360	8.74亿	7.23亿	1.51亿
2	☐	300014	亿纬锂能	48.78	20.00	2/5360	6.84亿	6.04亿	8,014.45万
3	☐	000595	宝塔实业	8.26	6.86	3/5360	2.17亿	1.54亿	6,278.83万
4	☐	301236	软通动力	51.52	20.01	4/5360	3.23亿	2.62亿	6,135.23万
5	☐	301618	长联科技	381.00	1,703.98	5/5360	1.35亿	8,208.52万	5,299.45万
6	☐	001339	智微智能	36.01	9.99	6/5360	1.25亿	8,431.32万	4,029.24万
7	☐	002640	跨境通	2.67	9.88	7/5360	1.19亿	8,892.36万	2,992.98万
8	☐	603310	巍华新材	18.50	9.99	8/5360	4,302.53万	1,747.67万	2,554.86万
9	☐	301586	佳力奇	49.33	20.00	9/5360	5,109.48万	3,056.68万	2,052.80万
10	☐	688225	亚信安全	14.81	20.02	10/5360	2,983.69万	1,063.33万	1,920.36万

图 6-3

（2）dde 大单为正

dde 大单代表的是主力和游资的大单，因为散户下大单的几率比较小，所以大单都集中在大户手里。我们刚刚说过营业部的资金不仅有主力的资金，同样也有散户的资金。为了避免营业部的资金是散户在买，而主力在卖，因为这种情况下处于主力出货、散户接盘状态。所以我们此处要设置一个"dde 大单为正"的条件，保证主力资金是处于净流入的状态，避免遇到主力出货，散户接盘的情况。

（3）涨停

绝大部分龙虎榜上榜的股票分为两种，一部分是涨停票，一部分是跌停票，我们只观察涨停的这部分。跌停票已经丧失了市场的人气，除了博弈一些较难出现的二波趋势之外，并没有其他太好的介入方式。

（4）涨停时间

涨停时间越早，市场对于个股的认可度越强。所以在选出股票之后，投资者可以对散户的涨停时间进行排序，将涨停时间较早的股票放在优先级较高的位置。

这里的涨停时间有两个类型，一个为"首次涨停时间"，一个为"最终涨停时间"。如果选"首次涨停时间"的话，我们要看个股炸板的频率，如果盘中频繁炸板，则首次涨停时间的意义不大；建议大家以"最终涨停时间"为准，相对比较客观，如图6-4 所示。

股票代码	股票简称	涨停 2024.09.30	涨跌幅(%)	首次涨停时间 2024.09.30	最终涨停时间 2024.09.30
301236	软通动力	涨停	20.01	10:10:01	10:11:24
603091	众鑫股份	涨停	10.01	10:00:00	11:10:51
001339	智微智能	涨停	9.99	10:12:24	14:35:03
300015	爱尔眼科	涨停	19.98	13:54:58	14:41:47
301586	佳力奇	涨停	20.00	14:07:50	14:45:28
300014	亿纬锂能	涨停	20.00	14:47:08	14:47:08
603207	小方制药	涨停	9.99	10:25:43	14:47:08
688590	新致软件	涨停	20.03	14:14:43	14:48:34
600318	新力金融	涨停	9.95	13:59:44	14:48:34
301571	国科天成	涨停	19.99	14:52:02	14:52:02

图6-4

（5）行业

上榜的票最好是处在主线行业当中，有助于资金，人气和情绪聚集，增加个股短期的爆发属性。

（6）非新股；非 ST

新股和 ST 不适合本战法。新股的走势波动比较大，影响的因素会更多，需要考虑的更多；ST 类型的股票风险较高，依然不作为选择的依据。

4. 买卖择时

当前战法选出的个股均为龙虎榜上榜的涨停股，所以个股的买点都会出现在第二天，我们主要观察第二天个股在分时图上的表现。

（1）观察第二天个股的竞价状态，属于竞价抢筹还是竞价抛售。我们主要选择竞价抢筹的个股，如图 6-5 所示。

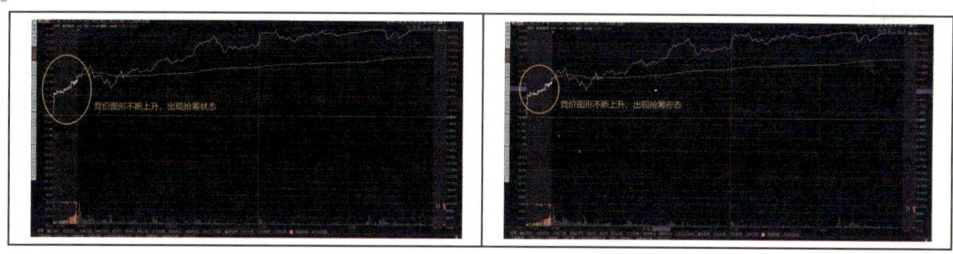

图6-5

（2）如果个股当前的的竞价状态处于出货形态（下跌形态），且开盘直接下杀，如图 6-6 所示，则不适合入场。如果有持仓的话要注意下跌风险，准备卖出。

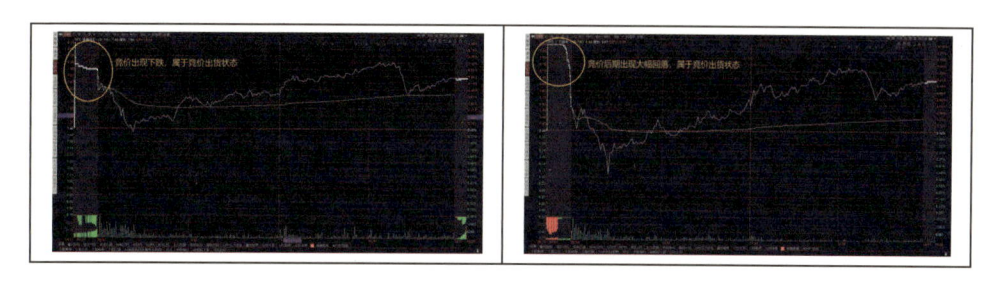

图6-6

5. 仓位控制

龙虎榜上榜的股票绝大多数为庄股，爆发力较强，同时风险也相对偏大。如果符合入场位置，建议散户的仓位控制在 20%—40%。龙虎榜上个股的仓位不宜过重，但如果遇到非常核心的趋势龙，也可以适当地加大仓位。

战法十六 双榜破位合击战法

1. 战法概述

此战法结合了人气榜和龙虎榜两大榜单的优势，选出了集人气、资金、主力、情绪、暴涨形态于一身的潜力龙头，可助力散户在市场存在主线的情况下，先人一步选出符合市场资金偏好的暴涨标的。

2. 选股秘句

（1）人气排行榜前10；

（2）龙虎榜上榜；

（3）龙虎榜净额为正；

（4）股价小于20元；

（5）股价位于5日均线之上且位于60日均线之上；

（6）非新股。

操作方法：将"人气排行榜前10；龙虎榜上榜；龙虎榜净额为正；股价小于20元；股价位于5日均线之上且位于60日均线之上；非新股"输入到问财软件中，如图6-7所示。

图6-7

3. 操作分解

（1）人气排行榜前10

个股人气的重要性我们在之前已经强调了很多遍，任何的龙头和妖股都需要人气的助力，只有人气才能吸引来资金，而资金是股价涨跌的决定性因素。所以此战法用到的第一个榜单就是人气排行榜，首先选出市场高人气的股票，再结合第二个榜单龙虎榜，进行强中选强。

（2）龙虎榜上榜

第二个榜单就是我们本节重点强调的龙虎榜。龙虎榜的上榜能助力个股的人气再上一个台阶，因为龙虎榜每天都会发出，而榜单中的股票会受到投资者们的重点关注。

一般投资者不会把市场中的所有股票都研究一遍，但绝大多数的短线选手都会对龙虎榜情有独钟，因为上榜的股票都是市场中的核心标的。

当然，上榜的核心标的有好有坏，所以我们需要进一步筛选。

目前我们能确定的是人气榜和龙虎榜两个榜单都上榜且排名靠前的个股，这些股票的潜力巨大，绝大多数的龙头和妖股都诞生在这两个榜单当中。

（3）龙虎榜净额为正

龙虎榜净额指的是营业部的买入金额减去营业部的卖出金额，这个在上个战法中我们讲解过，一定要选择净额为正的上榜个股。如果净额为负，那说明当前个股的抛压会比较大，短期下跌的风险会比较高。

（4）股价小于20元

潜在的龙头股价都不能特别高，这样拉升涨停以及连板的概率会更大。股票太高不容易引发市场的合力，所以我们一般优先选择低股价的标的。

（5）股价位于5日均线之上且位于60日均线之上

首先是股价位于5日均线之上这个条件，目的是利用强股不破5日线的理论，选出短期内爆发力较强的个股。

另外是股价位于60日均线之上这个条件，是要除了保证股票短期内处于强势状态，也要保证个股在中期内处于上升趋势，而60日均线之上就是为了确保股票中期的上升走势，这样更加有利于个股后续的发展。

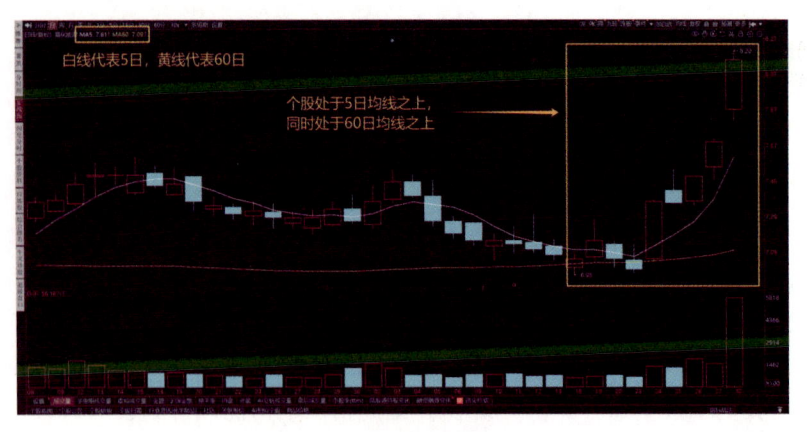

图6-8

（6）非新股

新股登上龙虎榜也比较常见，但新股的操作手法和普通股票不太相同，所以此处需要去掉新股。当然，大家也可以加入"非ST"这个条件，因为ST股票一直以来都是相对危险的股票标的，不建议买入这种高风险个股。

4. 买卖择时

（1）将龙虎榜净额进行排序，以资金为核心，优先选择排名靠前的个股，如图6-9所示。

图6-9

（2）如果个股第二天的分时竞价表现较好，可以选择入场；但如果第二天分时竞价有出货的形态，就暂时不能入场，如果已经有持仓的话，要注意减仓，尤其是竞价状态不好，且开盘分时走弱的时候，就要更加注意。（具体的实操可以参考上个战法的买卖择时模块）

5. 仓位控制

当前选出的个股为整个市场的核心股，潜力强，波动当然也会相对较大。如果满足入场条件的话，建议大家的仓位控制在30%—50%之间。

指标之王篇

战法十七　MACD 多头定点战法

1. 战法概述

此战法用到的指标为 MACD 和 SKDJ，主要筛选出当前符合买入条件的强势股，并且是在上升趋势中出现持续拉升状态的个股，非常适合散户在市场情绪爆发期选择合适的趋势龙头作为持仓标的。

2. 选股秘句

（1）上升通道；

（2）DIF 和 DEA 上移；

（3）MACD 大于 0；

（4）SKDJ 金叉；

（5）股价位于 5 日均线之上；

（6）多头排列；

（7）非 ST。

操作方法：将"上升通道；DIF 和 DEA 上移；MACD 大于 0；SKDJ 金叉；股价位于 5 日均线之上；多头排列；非 ST"输入到问财软件中，如图 7-1 所示。

图 7-1

3. 操作分解

（1）上升通道

上升通道这个条件是要保证个股处于上升趋势，在上升趋势中做短线成功率更高。

有些投资者只关注个股短期的反弹，不关注当前个股的趋势。要知道，下行趋势的反弹风险都会比较高，很多情况下都是大势不可逆。大多数下行趋势的股票在短期反弹之后，又会继续下行，且每次下行的力度都要强于反弹的力度，做这样的股票就会得不偿失，如图7-2所示。

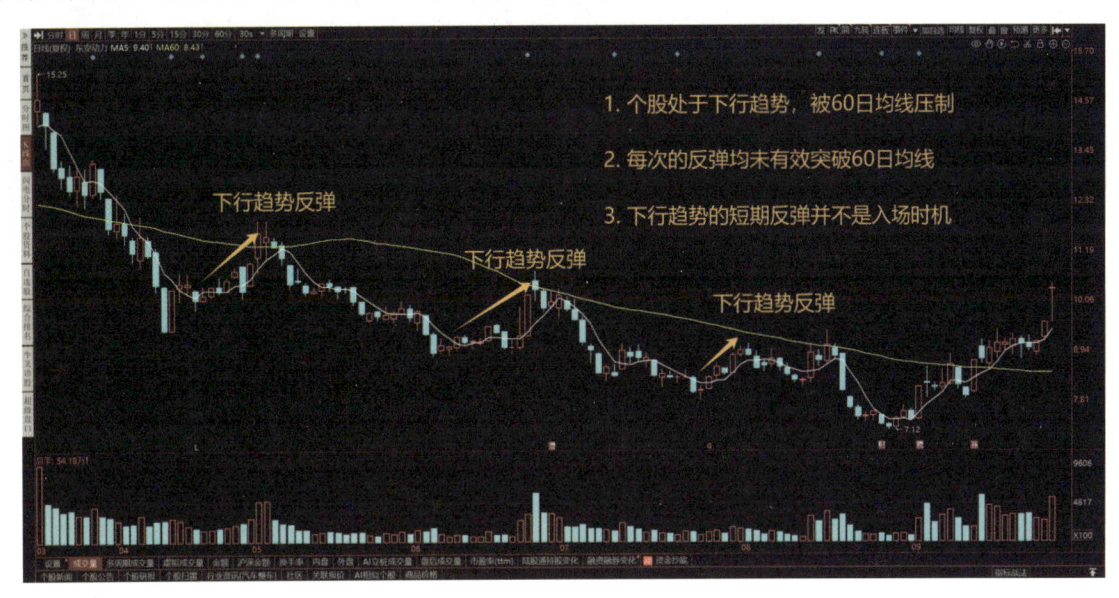

图7-2

（2）DIF 和 DEA 上移

DIF 和 DEA 分别是 MACD 的快线和慢线，当连着同时上移的时候，说明个股短期的上升趋势比较稳定，且持续性较强，如图 7-3、图 7-4 所示。

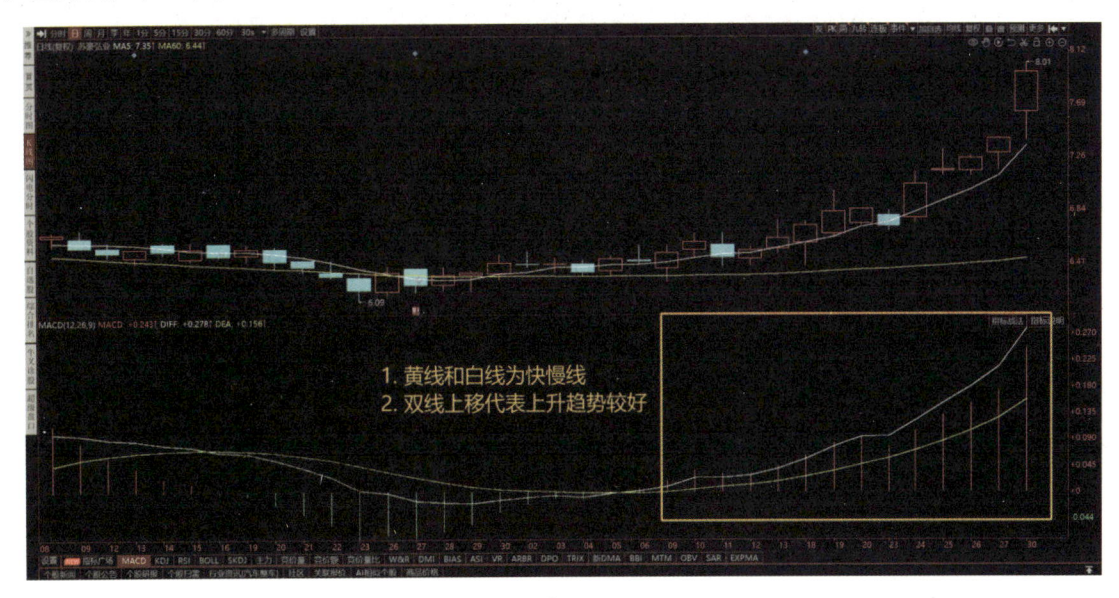

图7-3

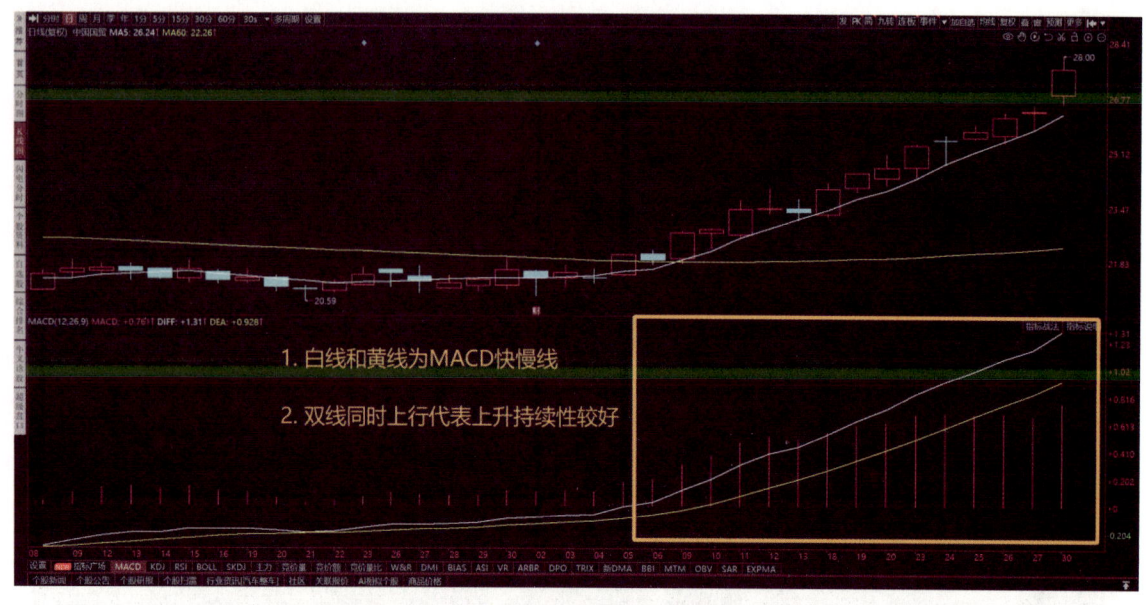

图7-4

（3）MACD 大于 0

这个条件和上一个条件"DIF 和 DEA 上移"相得益彰，快慢线上移代表上升趋势持续性较强，而 MACD 大于 0 则代表当前多方资金大于空方资金，也就是买方资金大于卖方资金，或者说买方情绪大于卖方情绪。这种选择既保证了上升趋势，也保证了资金动能，两全其美。

MACD 大于 0 指的是 MACD 指标出现红色柱子的时候，反之，如果 MACD 当前是绿色柱子，代表 MACD 小于 0。

此处如果 MACD 的红柱放大会更好，更加符合买入的形态，如图 7-5 所示。

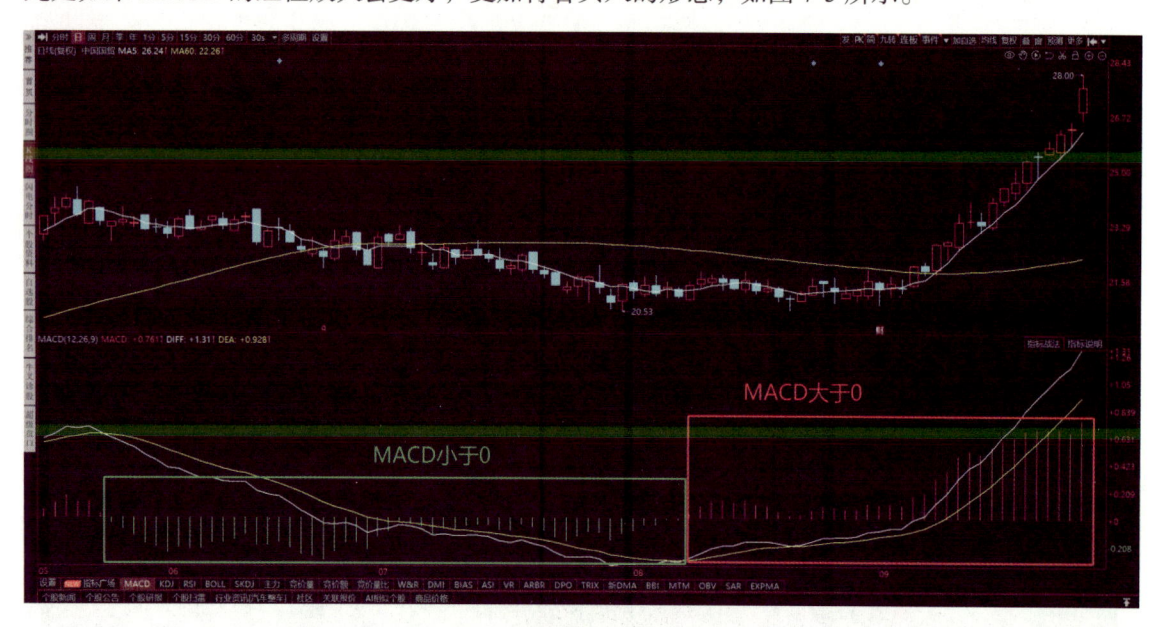

图7-5

（4）SKDJ 金叉

SKDJ 是比较好用的买入指标，属于 KDJ 的升级版。当其出现金叉的时候，股票短期的上升走势会更加确定一些。

如果单独使用这个指标的话，最好修改一下参数，给大家推荐一个比较好用的 SKDJ 参数：【35，5】，如图 7-6、图 7-7 所示。

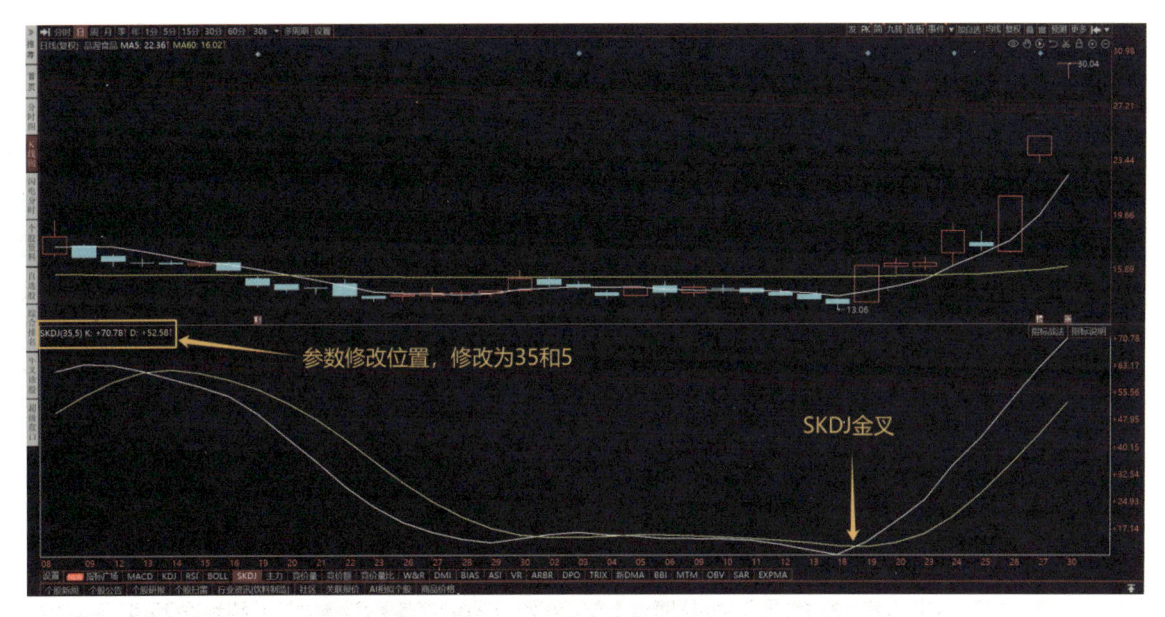

图7-6

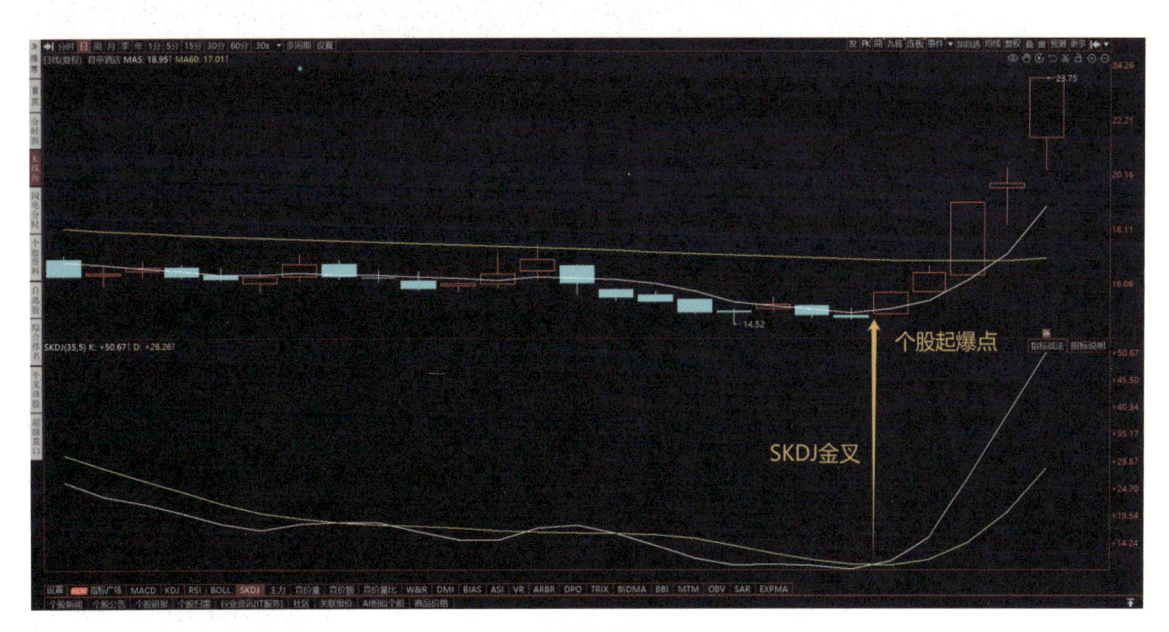

图7-7

（5）股价位于 5 日均线之上

这还是一个大道至简的原理：强股不破 5 日线。股价一定要处于 5 日均线之上，否则不具备成为强股的标准。这个条件在很多战法中都提到过，所以是非常重要的一个指标。

（6）多头排列

多头排列是指均线多头排列。如果个股处于多头排列的话，说明个股短期内的上涨形态非常不错，做趋势龙头的投资者选择的个股需要具备这个条件。

（7）非 ST

ST 类型的股票属于高风险类的股票，不在我们的选择范围之内。

4. 买卖择时

（1）MACD 处于红柱放大阶段，是为买入形态，如图 7-8 所示。

图7-8

（2）MACD 处于红柱缩小阶段，是为卖出形态，如图 7-9 所示。

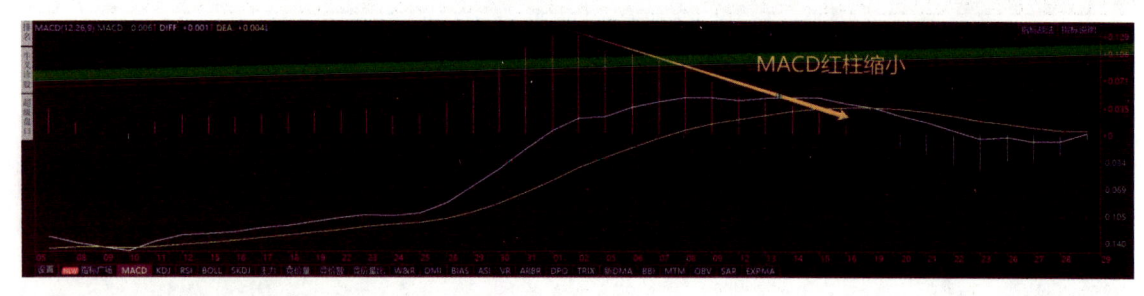

图7-9

（3）SKDJ 未发生重合，也持续向上，是为买入形态，如图 7-10 所示。

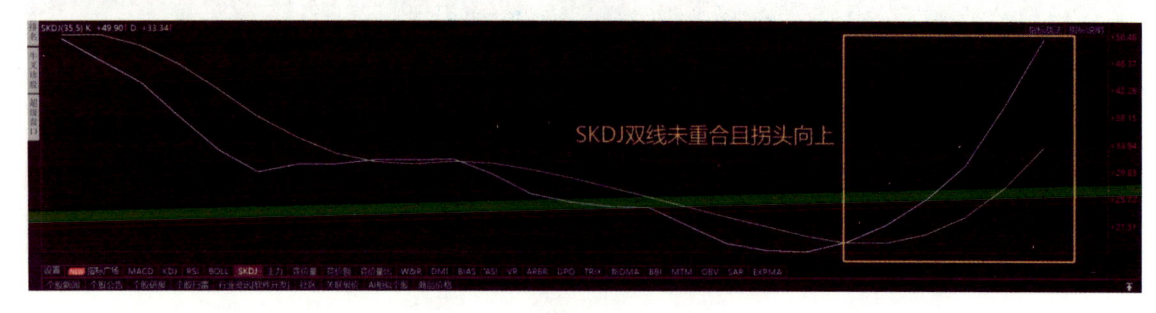

图7-10

（4）SKDJ 发生重合，且开始拐头向下，是为卖出形态，如图 7-11 所示。

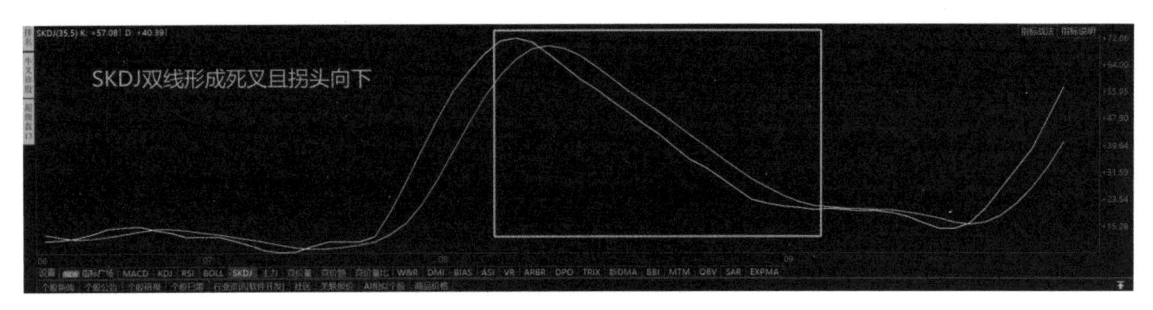

图7-11

5. 仓位控制

此战法选出的股票为相对稳健的趋势股,仓位可以适中,控制在30%—40%左右。

我们的持仓一般会包含强势龙头股、稳健趋势股和现金三大主要部分。一般现金部分会留20%左右,龙头股和趋势股的仓位要看当前个股的状态,在30%—60%之间。

战法十八　双均线金叉爆量战法

1. 战法概述

此战法引用了双均线金叉。第一是常规均线金叉；第二是量能均线金叉，也叫均量线金叉。通过双金叉所形成的双保险，叠加 MACD 指标代表的多方效应和资金流向，选出当前市场中符合买入条件并且正在拉升的股票标的。

2. 选股秘句

（1）5 日均线上穿 10 日均线；

（2）均量线金叉；

（3）MACD 红柱且红柱放大；

（4）价升量涨；

（5）非 ST。

操作方法：将"5 日均线上穿 10 日均线；均量线金叉；MACD 红柱且红柱放大；价升量涨；非 ST"输入到问财软件中，如图 7-12 所示。

图 7-12

3. 操作分解

（1）5日均线上穿10日均线

均线也是指标的一种，英文为MA。5日均线就是MA5，10日均线就是MA10。

MA5和MA10均是短期均线，判断的都是个股的短期走势。当MA5上穿MA10形成均线金叉时，如图7-13所示，代表当前个股短期形成上涨形态。

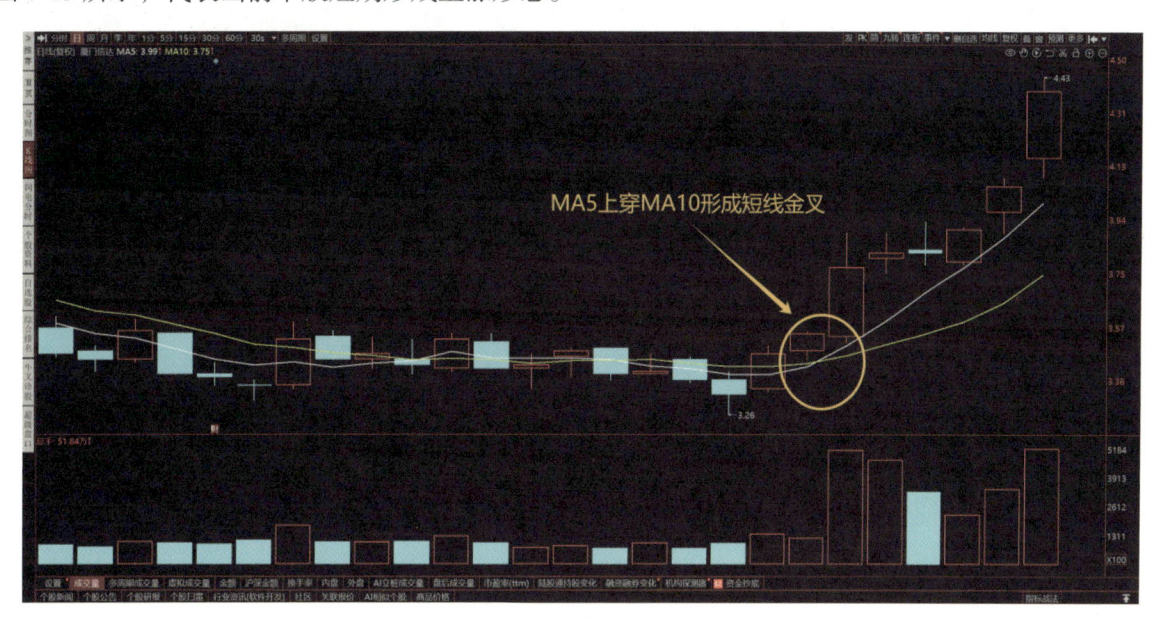

图7-13

（2）均量线金叉

均量线金叉是由成交量图形中的两根均线交叉形成的。当短期均线上穿长期均线时，就会形成均量线金叉。

金叉形成后，当前个股的成交量出现拐点，大多数的个股出现"量价齐升"的形态。

图7-14所示是如何找到均量线的方法。

图7-14

图7-15所示为短期均量线上穿长期均量线而形成的均量线金叉。

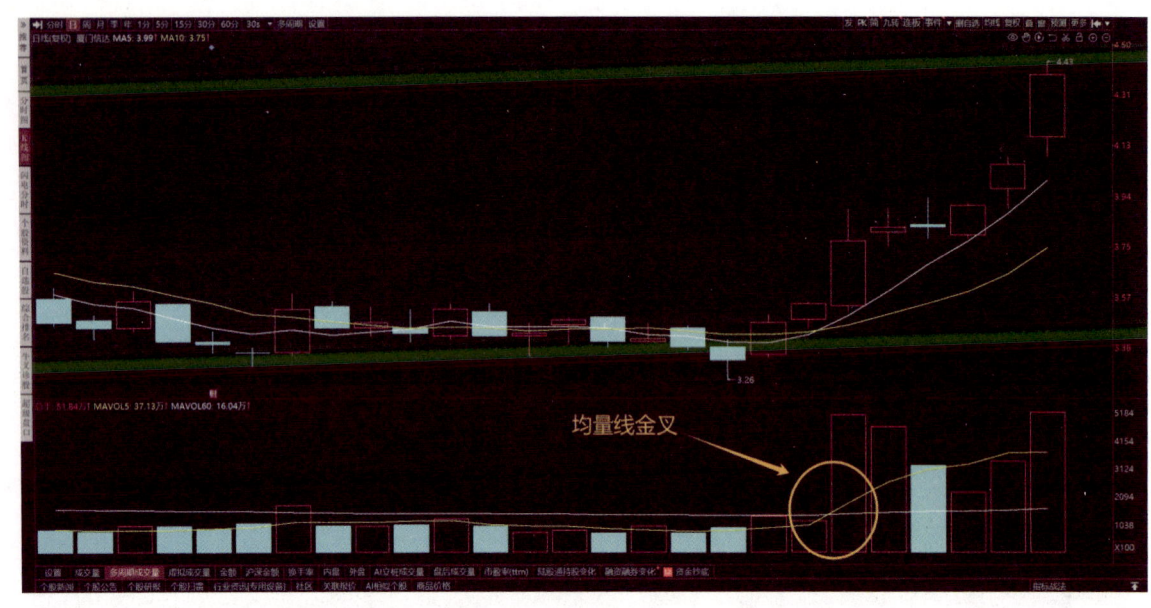

图7-15

(3) MACD 红柱且红柱放大

MACD 出现红柱说明当前多方力量大于空方力量，买入资金占据较大优势。

MACD 红柱放大说明当前买入力量在增强，对于个股短期上涨趋势会想成较大的利好，如图 7-16 所示。

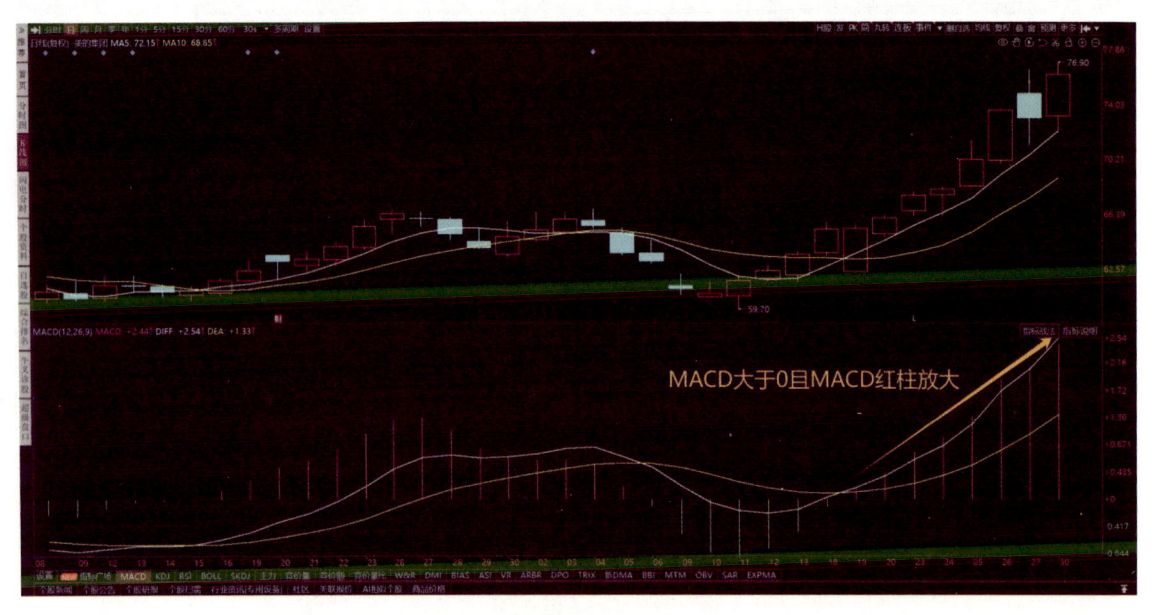

图7-16

(4) 价升量涨

价升量涨状态下的个股在短期内的爆发力会比较强，而且伴随成交量放大的上涨更能代表市场的资金合力，而不是单纯的被某一个机构或者庄家控盘。

（5）非 ST

ST 类型的股票风险较高，这在本书中已经多次强调，不作为选择标的。

4. 买卖择时

（1）5 日均线上穿 10 日均线，且 5 日均线在 10 日均线之上，为买入点，如图 7-17 所示。

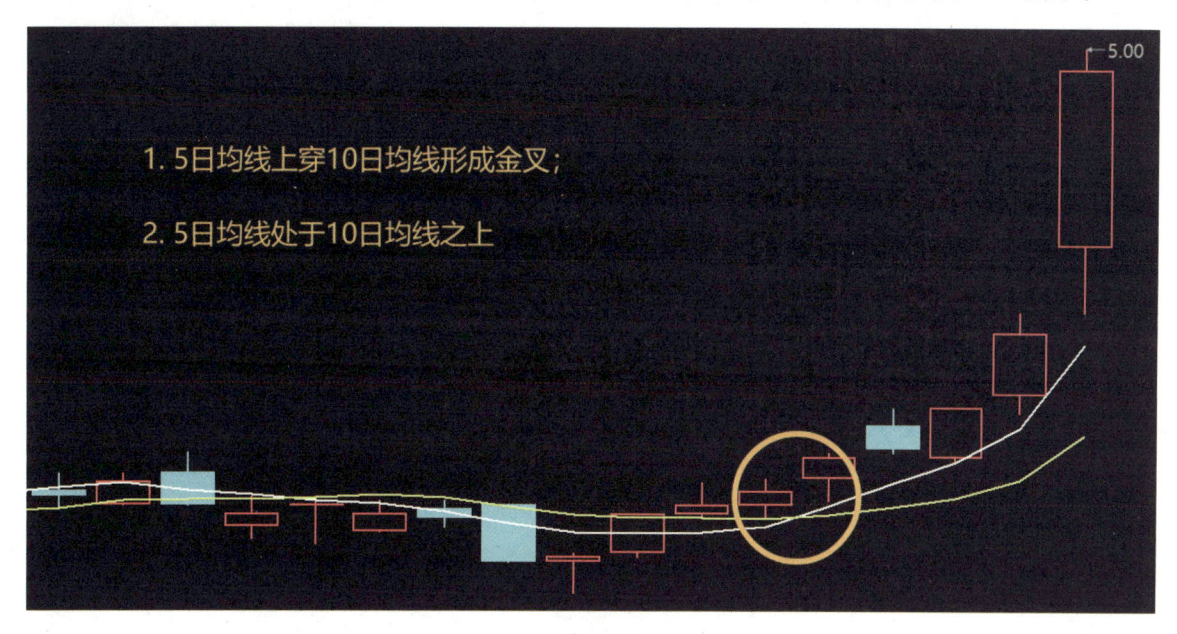

图 7-17

（2）5 日均线率先拐头向下，即将形成死叉或已经形成死叉，为卖出点，如图 7-18 所示。

一般在形成死叉的时候，股价已经下跌一段时间，会有比较强的滞后性，所以最好在跌破 5 日均线的时候，或者即将形成死叉但还没完全形成死叉的时候，卖出股票。

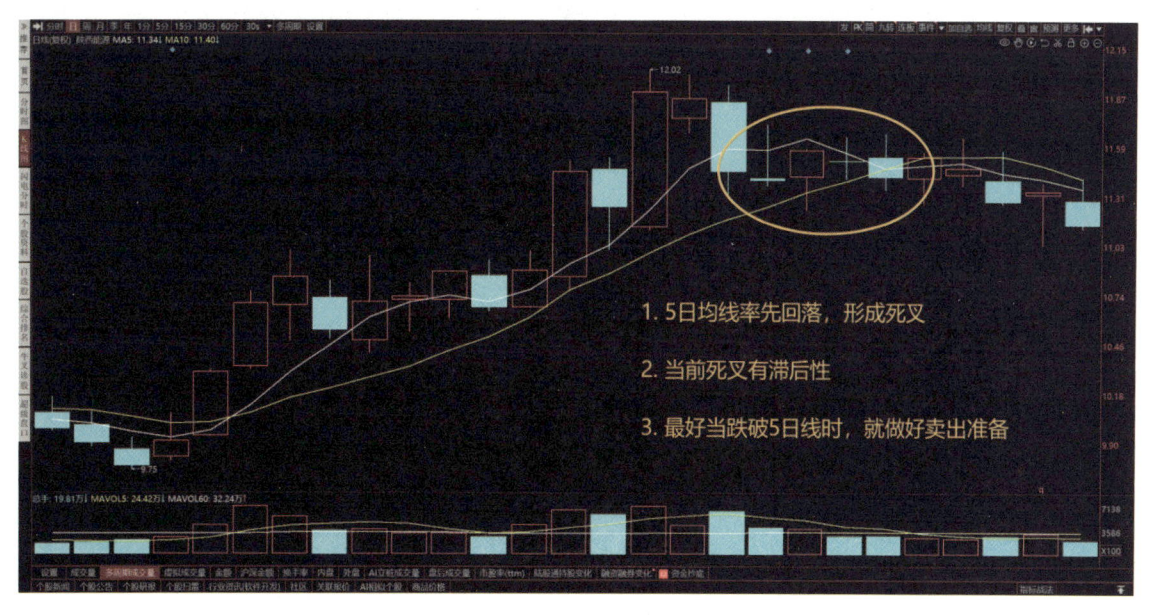

图 7-18

（3）MACD绿柱转成红柱或者红柱放大，为买入点，如图7-19所示。

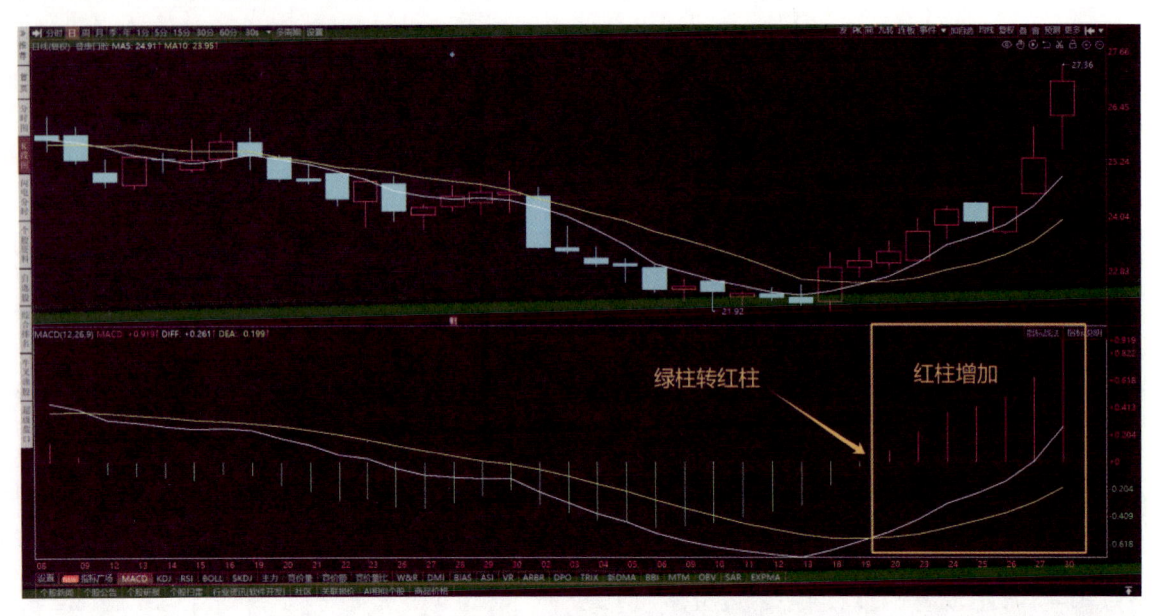

图7-19

（4）MACD红柱减小或者形成MACD绿柱，为卖出点，如图7-20所示。

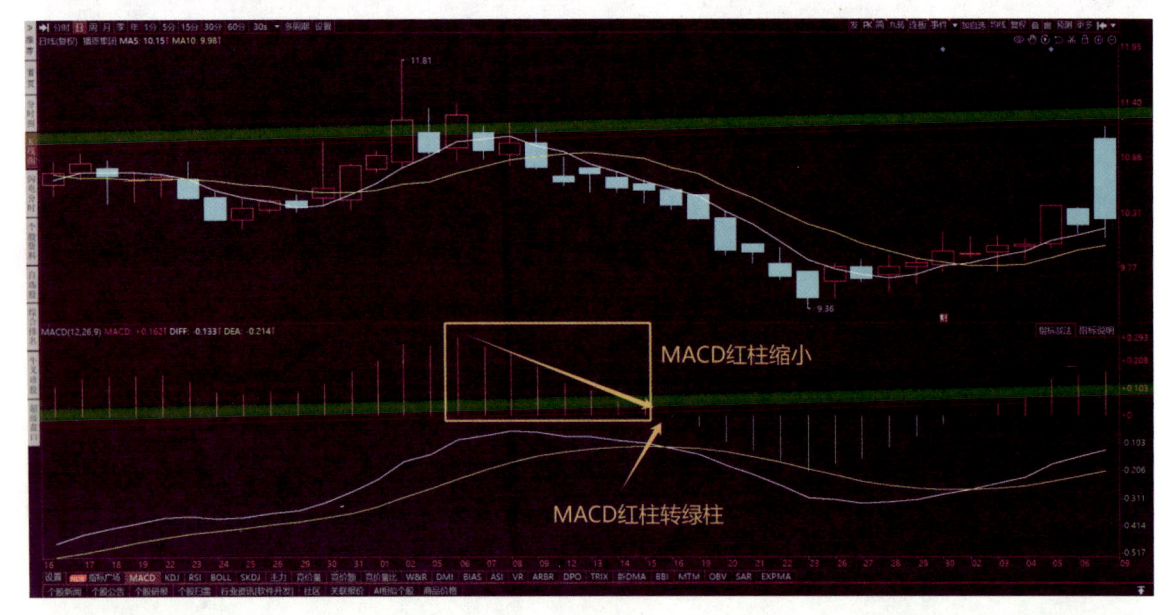

图7-20

5. 仓位控制

此战法选出的股票已形成均线量能双金叉，且正处于上升期的个股。如果当前个股处于市场主线，仓位可控制在40%—50%；如果个股并非市场主线，仓位可以控制在20%—30%。

星级系统篇

战法十九　趋势龙头摘星战法

1. 战法概述

本战法引入了问财软件专有的评级系统：星级系统。这个系统是将上市公司的盈利能力、成长能力、营运能力、偿债能力、现金流能力进行了一个综合评估，并通过星级给出最终的结果。

星级分为1—5星，最低的评级为1星，最高的评级为5星。公司基本面表现越好，给出的评级越高，如图8-1所示。

本战法是通过引入星级系统，将个股的基本面引入到最终的选股结果中，结合技术面的条件，选出同时具备基本面和技术面的强势标的。

股票代码	股票简称	星级变动	星级	财务诊断评分	盈利能力评分(分)	成长能力评分(分)	营运能力评分(分)	偿债能力评分(分)	现金流评分(分)
002773	康弘药业	不变	5	4.61	4.49	4.46	4.75	5.00	4.90
600754	锦江酒店	不变	5	4.50	5.00	3.50	5.00	4.00	5.00
000563	陕国投A	不变	4	4.14	4.86	5.00	5.00	0.14	1.71
000629	钒钛股份	不变	4	3.53	4.13	3.15	3.70	4.35	0.43

图8-1

2. 选股秘句

（1）星级为升星；

（2）量价齐升；

（3）量比大于2；

（4）外盘大于内盘；

（5）近一周涨幅超过10%；

（6）主板；

（7）非ST。

操作方法：将"星级为升星；量价齐升；量比大于2；外盘大于内盘；近一周涨幅超过10%；主板；非ST"输入到问财软件中，如图8-2所示。

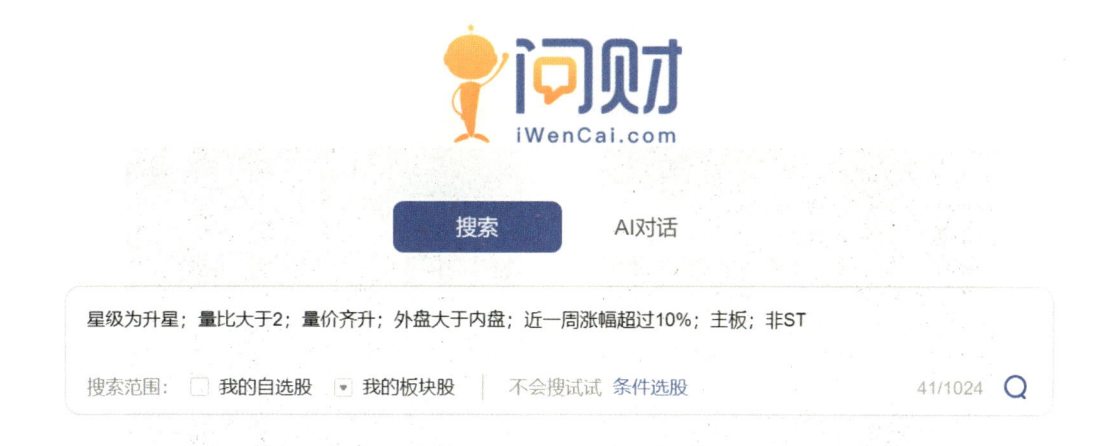

图8-2

3. 操作分解

（1）星级为升星

我们在选股时，看的是股票未来的上涨空间。所以，除了公司本身星级之外，我们更看重其星级在近期有没有提升，用专业术语来说就是：是否升星。

股票在近期如果出现了升星，那就说明个股的基本面得到了显著提升，对于其未来的走势会产生利多的信号，所以我们此处要选择升星的股票，如图8-3所示。

星级变动 2024.03.31	星级 2024.03.31	财务诊断评分 2024.03.31	盈利能力评分(分) 2024.03.31	成长能力评分(分) 2024.03.31	营运能力评分(分) 2024.03.31	偿债能力评分(分) 2024.03.31	现金流评分(分) 2024.03.31
升1星	2	1.75	0.77	1.16	3.97	1.89	3.88
升1星	3	2.60	2.91	3.47	2.65	3.28	1.08
升1星	4	3.64	3.21	4.40	4.29	2.50	2.50
升1星	2	1.55	1.46	1.68	1.12	0.82	2.95
升1星	2	1.83	1.41	2.50	0.47	3.59	3.75
升1星	2	1.83	1.15	1.54	2.09	1.62	2.74

图8-3

（2）量价齐升

通过升星保证了个股的基本面在变好，接下来的指标就是要保证技术面没有问题。量价齐升是本书一直比较推荐的K线形态，这种技术形态下的股票更容易带来市场的人气以及市场的合力，对短期的爆发和中期的趋势都有着非常好的促进作用。

（3）量比大于2

除了满足基本的量价齐升状态，这个位置对于成交量本身也提出了更高的要求。如果成交量放大得非常微小，那对于个股的爆发起不到太强的作用。所以我们此处用量比指标来确定成交量相较于过去是否出现了显著的放大。这种成交量下的量价齐升效果才会更强，资金的认可度才会更高。

（4）外盘大于内盘

如果在盘中进行选股，内外盘这个指标就会起到非常重要的作用。外盘代表的是买方力量，内盘代表的是卖方力量。所以盘中选股时，会选择当前处于上升趋势，且外盘大于内盘的个股，如图 8-4 所示。

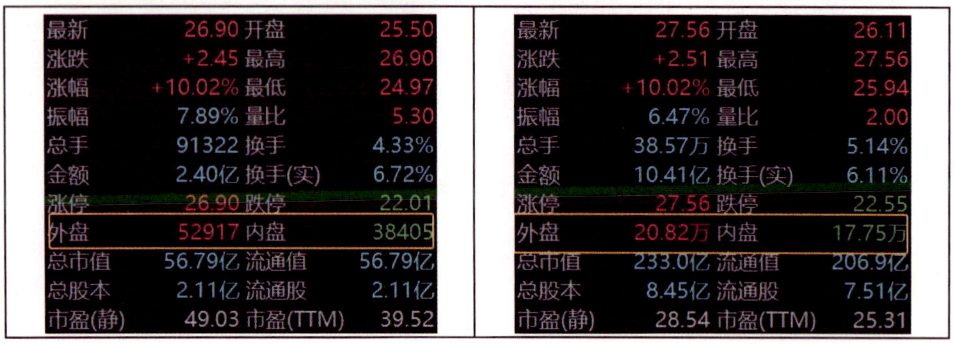

最新	26.90	开盘	25.50
涨跌	+2.45	最高	26.90
涨幅	+10.02%	最低	24.97
振幅	7.89%	量比	5.30
总手	91322	换手	4.33%
金额	2.40亿	换手(实)	6.72%
涨停	26.90	跌停	22.01
外盘	52917	内盘	38405
总市值	56.79亿	流通值	56.79亿
总股本	2.11亿	流通股	2.11亿
市盈(静)	49.03	市盈(TTM)	39.52

最新	27.56	开盘	26.11
涨跌	+2.51	最高	27.56
涨幅	+10.02%	最低	25.94
振幅	6.47%	量比	2.00
总手	38.57万	换手	5.14%
金额	10.41亿	换手(实)	6.11%
涨停	27.56	跌停	22.55
外盘	20.82万	内盘	17.75万
总市值	233.0亿	流通值	206.9亿
总股本	8.45亿	流通股	7.51亿
市盈(静)	28.54	市盈(TTM)	25.31

图8-4

（5）近一周涨幅超过 10%

作为散户，不建议大家盲目的抄底，选择已经初步具备上升趋势的股票是更好的选择。所以我们选择的股票是要保证当前股票的上升趋势已经初具雏形，并且后续还有很强的延续性，这样的话对于散户来说是一个更加安全的选择。

（6）主板

本战法最适配主板的股票。当然创业板和科创板的股票也可以用这个方法，但创业板和科创板的波动性更强，需要用单独的战法来进行匹配，因此这里最好选择主板的股票进行持仓。

（7）非 ST

ST 类型的股票属于高风险股，并且星级都很低，一般是没办法用这个战法选到的。但为了确保万无一失，我们还是要加入“非 ST”这个条件，去除掉高风险的股票。

4. 买卖择时

当前战法不仅考虑了个股的技术面，同样考虑了基本面，选出的股票也都是当前爆发力比较强的趋势股，所以买卖点是和趋势线挂钩的。

但本战法选出的股票比较偏向于短期趋势龙头，并非中长期趋势长牛，所以建议大家在买卖的时候只参考一条均线：5 日均线。

（1）个股在 5 日均线之上，或者回调到 5 日均线之下，第二天形成反包，是为买入点，如图 8-5、图 8-6 所示。

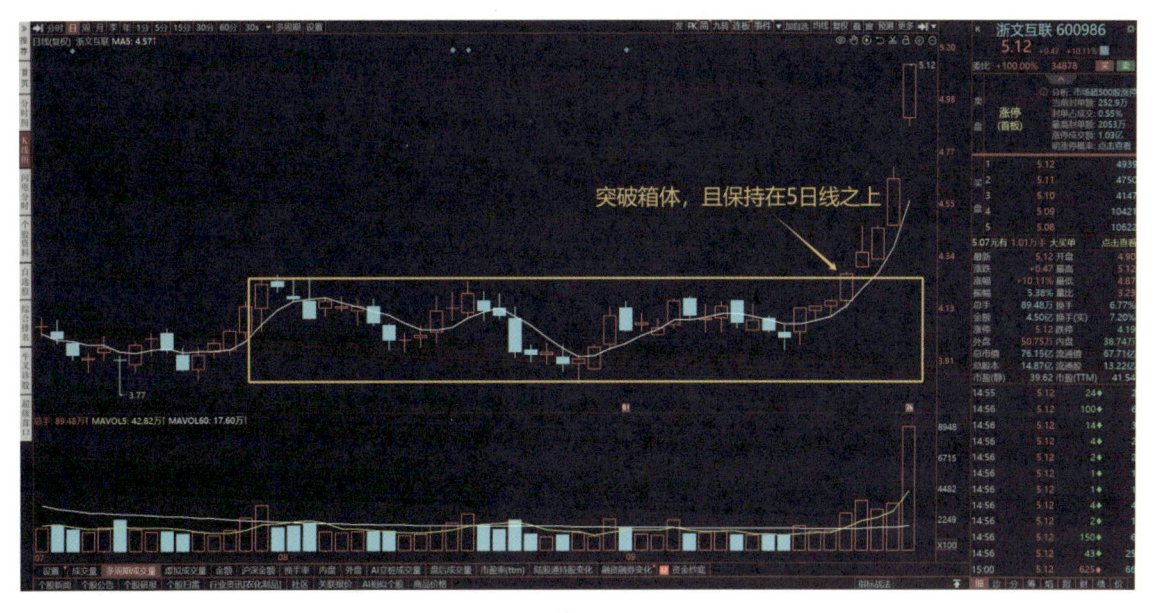

图8-5

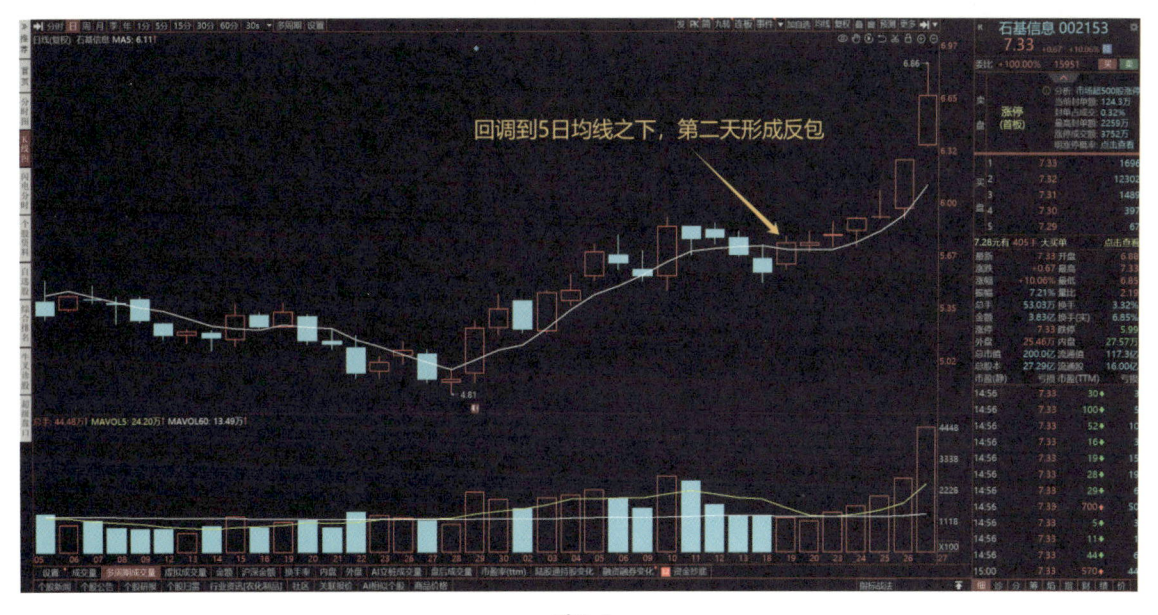

图8-6

（2）个股跌破5日均线，为卖出点；如果第二天没有反包成功，为清仓点，如图8-7所示。

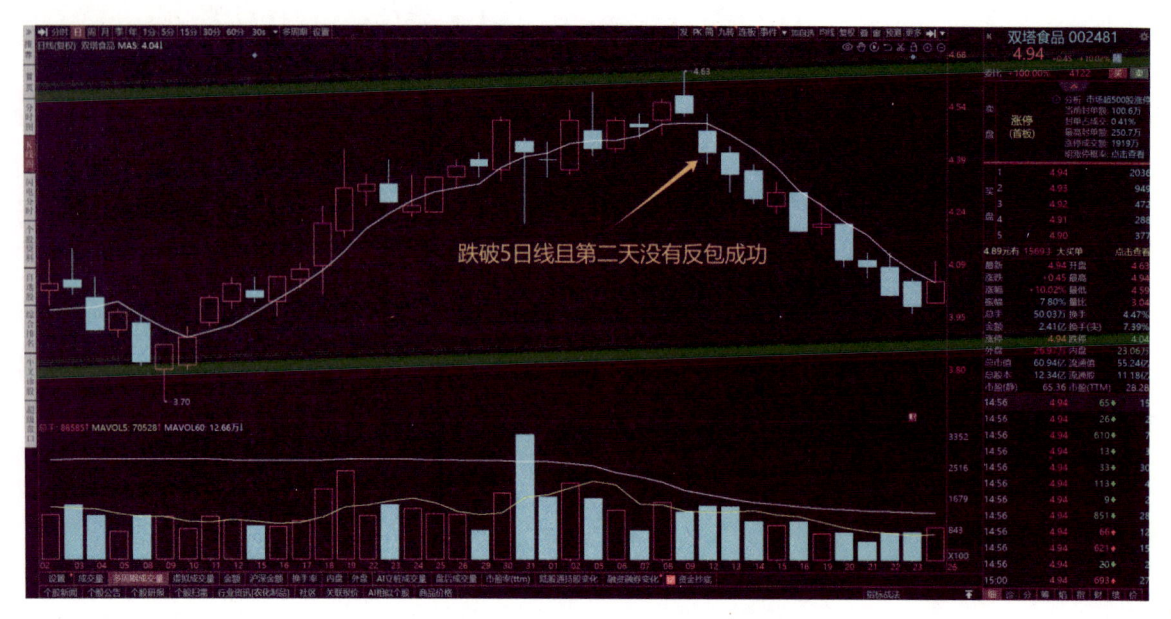

图8-7

5. 仓位控制

本战法选出的是爆发性相对较强的趋势股,同时结合了基本面和技术面的优势,股票走势相对会比较安全,所以我们仓位可以控制在30%—50%左右。如果行情好,比如市场成交量持续破万亿,市场连板梯队完成,市场主线情绪向好,投资者可以适当增加仓位。

战法二十　八步升星擒龙战法

1. 战法概述

此战法将星级代表的基本面，资金和趋势代表的技术面，进行了充分融合。选出的股票不仅具备短线持续上涨的技术形态，也具备中期趋势股票的稳健形态，而且具备良好的盈利能力，三者合一，得出市场当中非常具备上涨潜力的优质股。

2. 选股秘句

（1）星级为 3 星以上；

（2）升星；

（3）主力资金持续净流入；

（4）股价连续三天上涨；

（5）近三天累计涨幅大于 5%；

（6）近一周无跌停；

（7）量价齐升；

（8）非 ST。

操作方法：将"星级为 3 星以上；升星；主力资金持续净流入；股价连续三天上涨；近三天累计涨幅大于 5%；近一周无跌停；量价齐升；非 ST"输入到问财软件中，如图 8-8 所示。

图 8-8

3. 操作分解

（1）星级为3星以上

星级代表的是个股的综合基本面，1星为最低，5星为最高。我们虽然更加看重个股的短期趋势，也就是技术面，但对于个股的基本面也要有一个基本要求，所以我们把星级定在了3星以上。

星级 2024.03.31	区间涨跌幅:前复权(%) 2024.09.26-2024.09.30	涨跌幅:前复权(%) 2024.09.30	2024.09.27	2024.09.26	主力资金流向(元) 2024.09.30	2024.09.27	2024.09.26
4	27.88	16.73	6.06	3.29	1,207.37万	487.15万	482.69万
4	24.02	13.30	5.39	3.87	576.72万	434.02万	632.16万
3	36.69	19.45	9.65	4.36	4,772.44万	2,859.90万	1,016.37万
3	37.40	20.01	8.13	5.88	507.11万	310.54万	331.92万
3	39.73	16.85	15.45	3.59	6,262.78万	5,687.99万	2,010.37万
4	49.25	20.00	20.01	3.63	1.22亿	8,522.33万	788.03万
4	27.18	20.01	4.93	1.00	717.23万	400.37万	700.50万

图8-9

（2）升星

和上个战法一样的道理，我们不仅看重个股当前的基本面，更重要的是个股的未来趋势。因为我们买股票，买的就是股票的未来，所以这里要加入一个升星的条件，选中的都是基本面在不断变好的个股。

（3）主力资金持续净流入

从第三个条件开始，我们加入一些技术面的指标作为辅助，保证个股短期持续上涨的趋势。直接影响股价涨跌的指标就是资金，而且主力资金的重要性要高于散户资金，所以我们要保证个股近期的主力资金要处于一个持续净流入的状态，才能保证个股短期上涨的持续性，如图8-10所示。

星级 2024.03.31	区间涨跌幅:前复权(%) 2024.09.26-2024.09.30	涨跌幅:前复权(%) 2024.09.30	2024.09.27	2024.09.26	主力资金流向(元) 2024.09.30	2024.09.27	2024.09.26
4	27.88	16.73	6.06	3.29	1,207.37万	487.15万	482.69万
4	24.02	13.30	5.39	3.87	576.72万	434.02万	632.16万
3	36.69	19.45	9.65	4.36	4,772.44万	2,859.90万	1,016.37万
3	37.40	20.01	8.13	5.88	507.11万	310.54万	331.92万
3	39.73	16.85	15.45	3.59	6,262.78万	5,687.99万	2,010.37万
4	49.25	20.00	20.01	3.63	1.22亿	8,522.33万	788.03万

图8-10

（4）股价连续三天上涨

有部分个股虽然有主力资金持续的净流入，但其股价依然下跌，证明这些股票没有受到市场的一致认可，这种标的不在我们的选择范围之中。所以我们此时加入连续三天上涨的条件，搭配上一个条件中的主力资金持续净流入，保证个股短期的市场合力。

（5）近三天累计涨幅大于5%

加入此条件的目的是保证个股在近期依然保持着上涨趋势，未出现回落。对于散户来说，在上升趋势中选股比在下跌阶段抄底，胜率要高很多。跟着市场的趋势走，跟着主力机构的方向走，才能把握住当前市场的牛股。

（6）近一周无跌停

跌停对于个股的情绪和人气伤害比较大，如果个股在短期之内出现过跌停，再续上之前积累的人气会比较难，对于接下来的上涨会产生较大的负面影响，所以我们要规避近一周出现过跌停的股票。

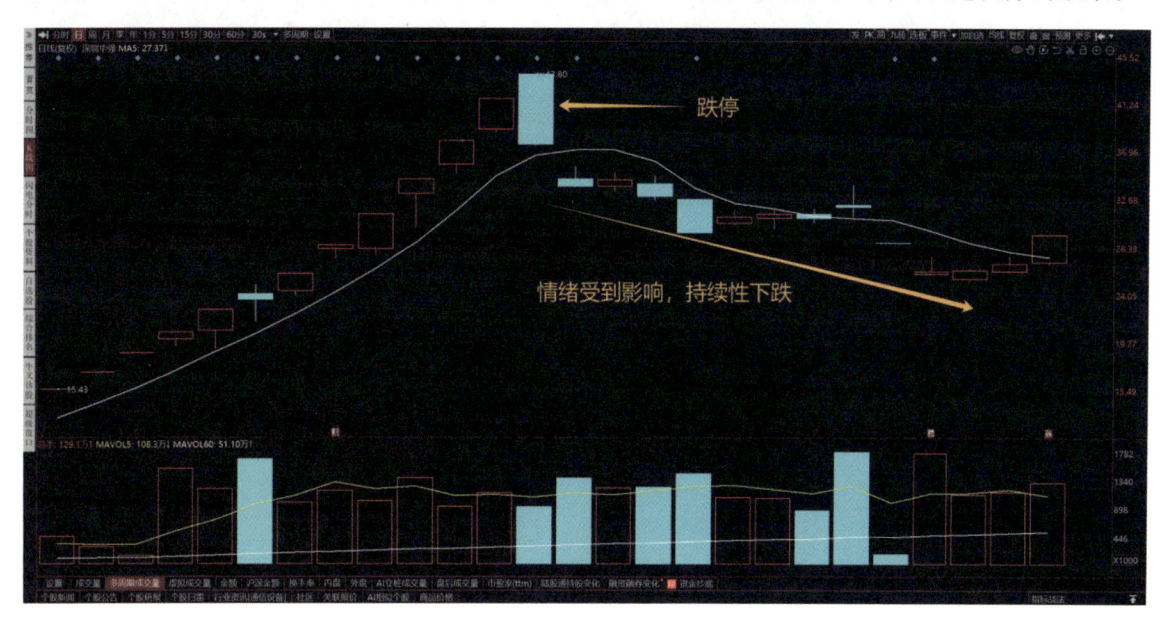

图8-11

（7）量价齐升

量价齐升是我在编写战法时使用非常多的一个选股语句，这个状态能保证个股在资金和活跃度方面没有问题。尤其是对于刚开始起爆的个股，量价齐升的状态更能调动市场的合力，个股持续的爆发力度会更强。

（8）非ST

ST类型的股票属于高风险股，强调多少遍也不为过。虽然有很多ST类型的个股涨势也非常不错，但其波动性太大，一旦遇到连续的一字跌停，损失会比较大，所以能规避就尽可能规避一下。

4. 买卖择时

由于当前选出的股票都是一个连续上涨的状态，所以其后续的涨势非常需要资金的支撑。此时我们可以根据当前市场的成交量、个股所在的行业以及个股本身的技术形态来判断何时买入。

（1）当前市场成交量处于8000亿以上，个股处于市场主线方向，个股在5日均线之上，且与5日均线之间没有过大的缺口，则符合买入形态，如图8-12所示。

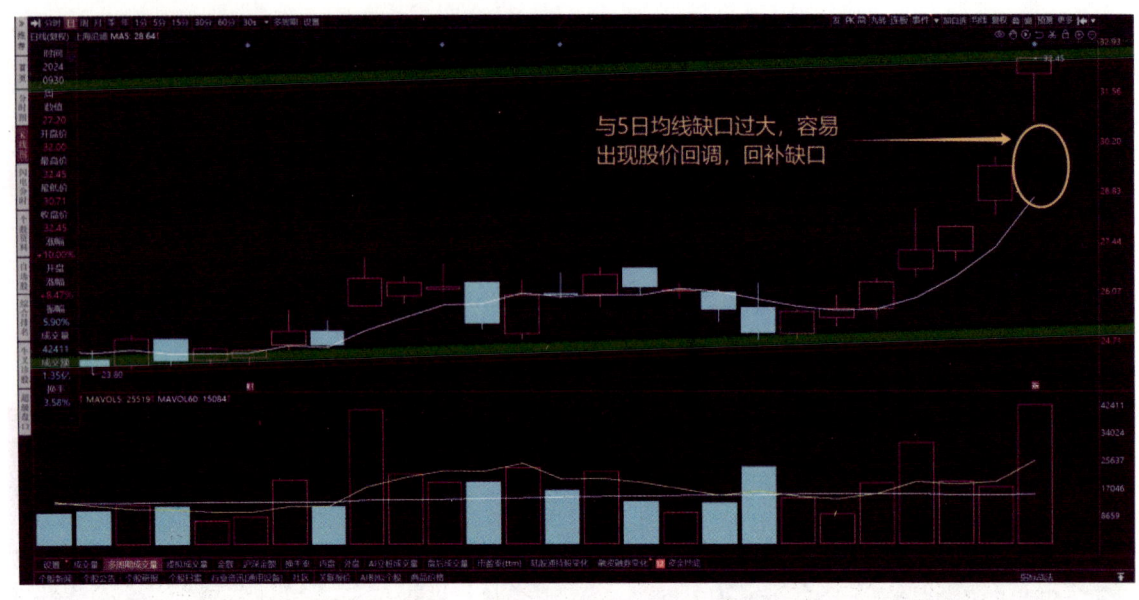

图8-12

（2）当前市场成交量处于6000亿—8000亿，个股处于市场主线方向或者正周期行业，个股在5日均线之上，且与5日均线之间没有过大的缺口，则符合买入形态，但仓位不宜过重。

（3）当前市场成交量处于6000亿之下，个股未处于市场主线方向或者政策支持方向，且与5日均线之间有过大的缺口，则不符合买入的形态。

5. 仓位控制

（1）个股近一周涨幅低于10%，个股的仓位可以在40%—50%。

（2）个股近一周涨幅在10%—20%之间，个股的仓位可以在30%—40%。

（3）个股近一周涨幅在20%—40%之间，个股的仓位可以在10%—30%。

天人合一篇

战法二十一　价值龙头低吸战法

1. 战法概述

这是本书唯一一个价值投资战法，主要通过融合估值、增长、利润、增长率、行业对比这几个重要的价值条件，选出市场中的价值洼地，找到被低估且高增长的优秀价值标的。

2. 选股秘句

（1）低估值；

（2）高增长；

（3）净利润同比增长率排名前10；

（4）净利润为正；

（5）ROE大于行业平均ROE；

（6）非ST。

操作方法：将"低估值；高增长；净利润同比增长率排名前10；净利润为正；ROE大于行业平均ROE；非ST"输入到问财软件中，如图9-1所示。

图9-1

3. 操作分解

（1）低估值

低估值的含义：当前个股的股价体现不了背后上市公司的价值。也就是说公司确实是好公司，但股价由于一些复杂的原因被市场砸到了一个很低的位置，远远体现不了公司真正的价值。

问财将股票估值划分为超低估值、低估值、高估值、超高估值、合理估值五种，我们本战法应用的是"低估值"这个指标。

为什么不用"超低估值"？原因是股票一旦有了超低估值的标签，就说明当前的股价出现了严重下跌，甚至跌到了历史低点。虽然本战法偏向低估值的股票，但过低的估值或者说过低的股票价格，风险较大。因为大家都知道，导致股票下跌的原因非常多，虽然我们会尽力去挖掘深层次的信息，但依然有小部分信息我们没办法接触到。

所以我们就尽量不全部选择超低估值的票，规避掉一些无法预见的风险。

（2）高增长

此处的高增长代表的是净利润的增长率。对于一只股票，我们看的是它的未来，所以利润的增长率对于一家上市公司来说非常重要。只有上市公司的业务持续保持高速的增长，其未来的股价才能得到持续的支撑。

（3）净利润同比增长率排名前10

本战法只筛选利润增长率比较高的个股，增长率太差的股票对于价值股来说意义不大，所以我们只选择利润增长率排名前10且满足本战法其他条件的个股。

（4）净利润为正

有的股票利润增长率排名靠前，但其净利润可能为负。例如：公司去年亏损1000万，今年亏损10万，其净利润的增长率会非常高，但最终的结果依然是负利润。虽然我们在买股票的时候更加看重的是个股的成长性（利润本身排在后边），但价值投资更加偏向利润为正的标的，所以我们在这里加入净利润为正的条件。

（5）ROE大于行业平均ROE

ROE代表的是资产回报率，这也是价值投资中非常重要的一个指标。ROE指标数值越高，相应的公司价值越好。

但我们不能只看ROE一个指标。原因是如果一个公司的ROE是80%，这个数值看上去已经非常高了，但如果我告诉你这个公司所在的行业平均ROE是160%，是不是80%这个数字就显的比较低了。

所以我们不能只看ROE本身的数字，而是要看这个数字有没有超过行业平均值，这才是关键。一个行业有很多只股票，没有任何价值投资者会选择ROE低于行业平均值的标的。

（6）非ST

ST类型的股票是肯定不会被本战法选中的，为了确保万无一失，我们还是要加上"非ST"这个条件。

4. 买卖择时

本战法选出的个股对买卖点并没有特别严格的限制。价值投资本身就是一个长期的投资，所以只要选出来，就比较符合买入的点位。但有句话还是要讲给价值投资的同学们，价值投资也需要调仓，大家最好不要持有跌破60日均线的个股。一旦个股跌破了60日均线，就说明个股本身出了比较严重的问题，大家要尽量规避。

5. 仓位控制

价值投资的标的仓位不要过重，我们只要留一个底仓就可以，一般会把仓位控制在 10% 以下，更多的仓位还是要布局短线趋势股和短线龙头股。